本研究为国家社会科学基金重大项目"'一带一路'投资安全保障体系研究"（19ZDA100）的阶段性成果

高质量共建"一带一路"丛书 | 王守军 胡必亮 主编

"一带一路"投资风险防范

刘清杰 胡必亮 著

BELT
AND
ROAD

北京师范大学出版集团
BEIJING NORMAL UNIVERSITY PUBLISHING GROUP
北京师范大学出版社

总　序

　　2008 年，金融危机在美国全面爆发并迅速通过股市、债市、汇市、贸易、投资等渠道快速扩散到了与美国经济金融关系紧密的欧洲，因此欧洲很快也陷入了严重的债务危机之中。同时，金融危机也蔓延到了整个世界，新兴市场国家和发展中国家也深受其害。为减轻不利影响，世界各国都采取了积极应对之策以稳定金融秩序、刺激经济增长。美联储在一年左右时间连续降息 10 次后使联邦基金利率为零，奥巴马总统上台不到一月就签署了总额为 7870 亿美元的经济刺激计划；我国的反应更快，在美国金融危机尚未全面爆发之时，国务院已于 2008 年 11 月出台了十项措施，投资 4 万亿人民币刺激经济增长；欧盟建立了一个总额为 7500 亿欧元的救助机制以遏制债务危机的进一步扩散并捍卫欧元。总之，世界各国、各区域都采取了积极救市政策，试图缓解和控制金融危机的扩散。

尽管如此，2008 年的全球金融危机还是给全世界的金融、经济、政治等各方面都带来了很多负面影响，而且这些影响是长期的、深刻的。以欧洲为例，直到 2012 年，欧洲债务危机仍然十分严重，欧洲经济疲软、失业率居高不下。其他地区和国家的具体情况可能有所不同，但总体而言 2008 年的全球金融危机发生多年后，世界金融市场并不稳定，经济增长仍然乏力，失业率依然较高，有些国家还出现了政治动荡，全球治理更加失序。

在这样的历史背景下，联合国和其他国际组织以及很多国家都提出了一些帮助世界稳定金融秩序、促进经济增长、完善全球治理的倡议和方案。也正是在这样的国际大背景下，结合中国进入新时代后构建全面对外开放新格局的需要，习近平总书记利用他 2013 年秋对哈萨克斯坦和印度尼西亚进行国事访问的机会，先后提出了共建丝绸之路经济带和 21 世纪海上丝绸之路的重大倡议，合称"一带一路"倡议。

习近平总书记提出共建"一带一路"倡议的基本思路，就是用创新的合作模式，通过共同建设丝绸之路经济带和 21 世纪海上丝绸之路，加强欧亚国家之间以及中国与东盟国家之间乃至世界各国之间的政策沟通、设施联通、贸易畅通、资金融通、民心相通，从而使世界各国之间的经济联系更加紧密、相互合作更加深入、发展空间更加广阔。从经济方面来看，通过共建"一带一路"，加强世界各国的互联互通，更好地发挥各国比较优势，降低成本，促进全球经济复苏；从总体上讲，参与共建各方坚持丝路精神，共同把"一带一路"建成和平之路、繁荣之路、开放之路、创新之路、文明之路，把"一带一路"建成互利共赢、共同发展的全球公共产品和推动构建人类命运共同体的实践平台。

在共建"一带一路"倡议提出五年多时间并得到世界绝大多数国家和国际组织认可、支持并积极参与共建的良好形势下，习近平总书记在 2019 年 4 月举行的第二届"一带一路"国际合作高峰论坛上又进一步提出了高质量共建"一带一路"的系统思想，包括秉承共商共建共享原则，坚持开放、绿色、廉洁理念，努力实现高标准、惠民生、可持续目标等十分丰富的内容，得到了参会 38 国元首、政府首脑和联合国秘书长、国际货币基金组织总裁以及广大嘉宾的高度认可。这标志着共建"一带一路"开启了高质量发展新征程，主要目的就是要保障共建"一带一路"走深走实，行稳致远，实现可持续发展。

面对 2020 年出现的新冠肺炎疫情全球大流行的新情况，习近平总书记提出要充分发挥共建"一带一路"国际合作平台的积极作用，把"一带一路"打造成团结应对挑战的合作之路、维护人民健康安全的健康之路、促进经济社会恢复的复苏之路、释放发展潜力的增长之路；2021年4月，习近平总书记又提议把"一带一路"建成"减贫之路"，为实现人类的共同繁荣作出积极贡献。

随着共建"一带一路"的国际环境日趋复杂、气候变化等国际性问题更加凸显，习近平总书记从疫情下世界百年未有之大变局加速演变的现实出发，在2021年11月举行的第三次"一带一路"建设座谈会上，就继续推进共建"一带一路"高质量发展问题提出了有针对性的新思想。重点是两个方面的内容：一方面，坚持"五个统筹"，即统筹发展和安全、统筹国内和国际、统筹合作和斗争、统筹存量和增量、统筹整体和重点，全面强化风险防控，提高共建效益；另一方面，稳步拓展"一带一路"国际合作新领域，特别是要积极开展与共建国家在抗疫与健康、绿色低碳发展与生态环境和气候治理、数字经济特别是"数字电商"、科技创新等新领域的合作，培养"一带一路"国际合作新增长点，继续坚定不移地推动共建"一带一路"高质量发展。

在我国成功开启全面建设社会主义现代化国家新征程、向第二个百年奋斗目标进军的关键历史时刻，习近平总书记在中国共产党第二十次全国代表大会上又一次明确指出，推动共建"一带一路"高质量发展。

为了全面、准确理解习近平总书记关于高质量共建"一带一路"的系统思想，完整、系统总结近十年来"一带一路"建设经验，研究、展望高质量共建"一带一路"发展前景，北京师范大学一带一路学院组织撰写了这套《高质量共建"一带一路"丛书》，对"一带一路"基础设施建设、"一带一路"与工业化、"一带一路"贸易发展、"一带一路"金融合作、绿色"一带一路"、数字"一带一路"、"一带一路"与新发展格局、"一带一路"与人类命运共同体、"一带一路"投资风险防范等问题进行深入的专题调查研究，形成了目前呈现在读者面前的这套丛书，希望为广大读者深入理解高质量共建"一带一路"从思想到行动的主要内容和实践探索提供参考，同时更期待大家的批评指正，帮助我们今后在高质量共建"一带一路"方面取得更好的研究成果。

2021 年中国共产党隆重地庆祝百年华诞，2022 年党的二十大的召开，对推进我国社会主义现代化强国建设都具有十分重要的战略意义；今年也是北京师范大学成立一百二十周年。因此，我们出版这套丛书，对高质量共建"一带一路"这样一个重大问题进行深入探讨，很显然也具有重要且独特的历史意义。北京师范大学出版集团党委书记吕建生先生、副总编辑饶涛先生、策划编辑祁传华先生及其团队成员都非常积极地支持这套丛书的出版，并为此而付出了大量时间，倾注了大量心血，对此我们表示衷心感谢！我们的共同目标就是希望用我们的绵薄之力，为推动共建"一带一路"高质量发展、为实现中华民族伟大复兴以及为推动构建人类命运共同体而作出应有的贡献。

王守军　胡必亮

2022 年 10 月 26 日

目　录

第一章 | 导 论

　　当前我国已经开启全面建设社会主义现代化国家新征程，正在向第二个百年奋斗目标进军，同时也面临着前所未有的复杂环境和风险挑战。习近平在庆祝中国共产党成立100周年大会上的讲话中指出，新的征程上要"勇于战胜一切风险挑战"①。2021年11月19日，第三次"一带一路"建设座谈会召开，在此次座谈会讲话中，习近平强调要全面强化风险防控，扎牢风险防控网络。我们的这项研究就是要聚焦"一带一路"投资风险防范

① 习近平：《在庆祝中国共产党成立100周年大会上的讲话》，载《求是》，2021(14)。

问题,通过研究"一带一路"投资风险,而更好地防范"一带一路"投资风险,促进共建"一带一路"高质量发展。

一、问题的提出

改革开放以来,我国综合国力的提升与开放新格局的形成提高了企业外向型国际化水平,"走出去"已成为众多中国企业的选择。"一带一路"倡议提出以来,中国企业对外直接投资进入发展新阶段,大型投资项目逐渐增多,这些项目一旦遭遇风险,经济损失严重,政治影响和社会舆论影响较大。受经济"逆全球化"、国际地缘政治变化和新型冠状病毒肺炎(简称"新冠肺炎")疫情全球大流行的影响,中国企业海外投资环境日趋复杂,"一带一路"投资面临的阻碍与风险也日益增加。关注"一带一路"建设中中国对外投资风险问题具有重要且迫切的现实意义。

1. 政策层面:共建"一带一路"是新时代推动构建我国全面对外开放新格局的总抓手

2013年,我国提出了与相关国家和地区共建"丝绸之路经济带"和"21世纪海上丝绸之路"的倡议,合称"一带一路"倡议。2015年3月,国家发改委、外交部、商务部联合发布《推动共建丝绸之路经济带和21世纪海上丝绸之路的愿景与行动》;之后,国务院印发了《关于加快培育外贸竞争新优势的若干意见》，强调全面提升与"一带一路"沿线国家经贸合作水平。2016年3月，"一带一路"被写入"十三五"规划。2017年10月，党的十九大通过了新修订的《中国共产党章程》，推进"一带一路"建设被写入其中。习近平总书记在党的十九大报告中指出："要以'一带一路'建设为重点，坚持引进来和走出去并重，遵循共商共建共享原则，加强创新能力开放合作，形成陆海内外联动、东西双向互济的开放格局。"2018年8月27日，习近平在推进"一带一路"建设工作5周年座谈会上指出，推动共建"一带一路"向高质量发展转变，这是下一阶段推进共建"一带一路"工作的基本要求。2019年4月，第二届"一带一路"国际合作高峰论坛在北京举行，标志着"一带一路"国际合作进入新的发展阶段。新阶段的重要特征就是推动共建"一带一路"高质量发展。2021年11月19日，习近平在北京出席第三次"一带一路"建设座谈会并发表重要讲话强调，完整、准确、全面贯彻新发展理念，以高标准、可持续、惠民生为目标，巩固互联互通合作基础，拓展国际合作新空间，扎牢风险防控网络，努力实现更高合作水平、更高投入效益、更高供给质量、更高发展韧性，推动共建"一带一路"高质量发展不断取得新成效。因此，从理论和政策层面破解如何有效防范"一带一路"投资风险问题成为当前迫切的重大任务。

2. 实践层面："一带一路"倡议持续走深走实

改革开放以来，中国企业走出去的模式逐渐成熟，对外直接投资存量居世界前列，"一带一路"倡议的提出加快了中国企业主动融入世界的步伐。截至2020年年底，中国2.8万家境内投资者在全球189个国家（地区）设立对外直接投资企业4.5万家，全球80%以上国家（地区）都有中国投资，年末境外企业资产总额为7.9万亿美元。其中，共建"一带一路"国家是重要的投资目的地。"一带一路"倡议提出以来，中国对沿线国家投资保持稳步增长。从投资规模方面来看，2020年年末，中国企业对"一带一路"沿线国家的直接投资存量达2007.9亿美元，占存量总额的7.8%；2013—2020年，中国对"一带一路"沿线国家累计直接投资1398.5亿美元。2020年，中国企业在"一带一路"沿线国家设立境外企业超过1.1万家，当年实现直接投资225.4亿美元，同比大幅增长20.6%，占同期流量的14.7%；此外，2020年中国企业对"一带一路"沿线国家实施并购项目84起，并购金额31.5亿美元，占并购总额的11.1%。从投资的国别结构方面来看，中国对"一带一路"沿线国家投资存量主要分布在新加坡、印度尼西亚、俄罗斯、马来西亚、老挝等国家。从行业构成方面来看，中国对"一带一路"沿线国家投资主要流向制造业，2020年投资规模达76.8亿美元，同比增长13.1%，占比超1/3；此外，对建筑业、租赁和商务服务业、批发和零售业等的投资规模也保持较高比重。中国与"一带一路"沿线国家投资合作取得长足发展，与东道国政府、企业、公众互利共赢格局基本形成。共建"一带一路"顺应时代要求和各国发展愿望，有力激发了共建国家经济增长的内生动力，促进了共建国家畅通内外循环，推动经济全球化朝着更加开放、包容、普惠、平衡、共赢的方向发展，得到越来越多的国家和国际组织的响应和支持。根据世界银行的研究结果，共建"一带一路"倡议将使沿线国家 760 万人口摆脱极端贫困、3200 万人口摆脱中度贫困，将带动沿线国家贸易增长 2.8％至 9.7％，贸易增长带来全球实际收入增长 0.7％至 2.9％。①

近两年新冠肺炎疫情席卷全球，全球经济出现了第二次世界大战以来最严重的衰退。在此背景下，共建"一带一路"国际合作逆势上扬，在贸易、投资、工程建设、抗疫合作等方面展现出韧性与活力，弥足珍贵。2022 年上半年，我国与"一带一路"沿线国家货物贸易额达 6.3 万亿元，同比增长 17.8％，占比提高到 31.9％。对沿线国家非金融类直接投资达 650.3 亿元，增长 4.9％，占比提高到 18.5％。同期沿线国家对华实际投资达 452.5 亿元，增长 10.6％。共建"一带一路"强大的韧性与活力还体现在，通过共建还能不断挖掘"一带一路"这个大市场的

① 世界银行：《"一带一路"经济学：交通走廊的机遇与风险》，5 页，世界银行集团，2019。

潜力，拓展合作空间。很多伙伴国家是发展中国家，增长动力充沛，发展潜力和空间巨大。

3. "一带一路"投资安全面临严峻挑战

当前，受经济"逆全球化"和国际地缘政治变化的影响，中国企业海外投资环境日趋复杂，投资面临的阻碍与风险日益增加。作为当今世界经济发展中最活跃、最重要的因素，国际直接投资发挥了配置全球资源、促进生产与拓展市场、推动技术转移与扩散等重要作用，并成为促进全球经济发展的主导力量。就如彼得·德鲁克在其著作《管理未来》的第四章"从国际贸易到国际投资"中所言："国际投资已成为全球经济的主导因素。"[1]随着全球生产网络的不断延伸，世界各国之间的贸易投资关系越来越密切。在这一背景下，各国从自由贸易和便利投资中享受巨大的经济增长红利。以中国为例，近20年来，中国进出口贸易额占GDP比重一直保持在30%以上，最高达到64.48%。众所周知，改革开放以来，中国的经济增长在世界范围内是一个奇迹，而在GDP增长奇迹中，占据很大比重的贸易因素对GDP增长的推动作用十分明显。然而，当贸易保护主义抬头，这种红利将在某种程度上被削弱。2018年6月15日，在经历了多轮中美贸易谈判后，美国宣布对来自中国的约500亿

---

① ［美］彼得·德鲁克：《管理未来》，李亚、邓宏图、王璐等译，37页，北京，机械工业出版社，2018。

美元商品加征 25％的进口关税，随后，中国宣布对原产于美国的同等规模农产品、汽车等进口商品加征 25％的关税，这表明中美贸易摩擦逐渐升温。贸易保护主义不仅损害出口贸易发展，还会对投资的自由化和便利化产生较大冲击。在贸易保护主义政策下，一些国家通过各种关税和非关税措施设置贸易壁垒，使这些国家市场成为较大的不确定性因素，从而影响投资的自由化和便利化。以 2018 年中美贸易争端为例，美国政府在宣布对来自中国的约 500 亿美元商品加征 25％关税的同时，还宣称将限制中国对美国的投资，贸易保护主义对投资自由化和便利化的影响随之显现。事实上，早在 20 世纪 80 年代，贸易保护主义就对日本在美国的直接投资产生了巨大影响，随后，日本经济出现较大的倒退，并进入"平成萧条"时期。因此，在当前中国积极鼓励本国企业从事对外直接投资的环境下，贸易保护主义及其可能对投资自由化和便利化产生的冲击，成为本项研究必须关注的全球背景。

随着"一带一路"各种投资措施的实施，中国与"一带一路"相关国家的跨境投资会继续保持增长态势，但其中存在的错综复杂的风险也不容忽视。除了通常的商业风险外，"一带一路"投资因其特殊性还面临特殊的风险。首先是信用风险，根据穆迪评估报告，多数"一带一路"沿线国家的信用状况相对较差，其中 42 个沿线国家的信用评级低于投资级别或不在穆迪评级范围内,这意味着它们的潜在执行风险较高。其次是可能面临贸易救济调查、反垄断调查和国家安全审查等风险。由于"一带一路"沿线国家隶属不同法律体系,其法律分类、法律表现形式、法律适用规则等差异较大,因此,当东道国相关法律制度不够完善时,"一带一路"项目的建设和管理将缺少重要保障。最后是"一带一路"国家投资的基础条件较差,投资环境不稳定,导致中国企业投资面临损失的可能性增大。2021 年 11 月 19 日,习近平在第三次"一带一路"建设座谈会上强调,要全面强化风险防控,扎牢风险防控网络。由此,构建一个全方位风险防控体系的必要性与重要性显而易见,研究并设计出有效的"一带一路"投资安全保障体系,具有重大的现实意义。

2020 年以来,随着新冠肺炎疫情在全球范围内的不断蔓延,世界经济陷入衰退的困境,全球范围内的投资环境恶化,中国企业海外投资风险上升。疫情对全球供应链、国际贸易等的发展产生了重要的不利影响,为中国企业走出去增加了新的风险和问题。疫情持续影响企业经营,如原材料和远洋运输价格上涨,用工难、用工贵,融资难、融资贵,这些因素导致企业成本大幅上升。而部分海外市场仍未恢复,全球产业链、供应链出现问题导致国内部分行业供应链韧性趋弱。受疫情影响,2020 年全球外国直接投资流量从 2019 年的 1.5 万亿美元下降至 1 万亿美元,下降幅度高达 35%,是 2005 年以来的最低水平。

相比之下，中国境外投资所受影响并不大。2020 年中国对外直接投资 1329 亿美元，逆势增长 3.3%。

在疫情和自然灾害叠加因素影响下，经济全球化遭遇逆流，全球动荡点和风险点显著增多。贸易战、科技战、金融战、法律战、舆论战多因素叠加，使国际经济、文化、安全格局都发生了深刻变化。特别是个别西方国家出于政治考虑，想方设法对中国进行牵制和干扰。一些国家加大对中国投资的审查力度，不断出台审查新规。今后一段时期，中国企业走出去将面临更为错综复杂的环境。另外，一些共建"一带一路"国家的基础设施不够完善，投资环境相对复杂，法律体系不够健全，投资体系不够完整，甚至多个国家地缘政治风险居高不下，这都给中国企业对外投资带来了潜在风险。

4. 目前的投资安全保障措施尚难满足"一带一路"投资的安全需求

针对中国海外投资面临的风险，中国政府采取了一些措施，但是从整体上来看，中国保护海外经济利益仍然处于起步阶段，面临诸多挑战。[1] 中国有的海外投资面临经营亏损、国有资产流失、内部管理不善、缺乏投资保障机制等问题。[2] "一带一

---

[1]　李众敏：《中国海外经济利益保护战略刍论》，载《世界经济与政治》，2012(8)。

[2]　孙南申：《中国海外投资的风险防范与安全管理》，载《中国经贸》，2011(8)。

路"倡议提出以来,"一带一路"投资安全保障机制仍然不成熟。国际投资协定、国际投资仲裁、海外投资保险等是常见的海外投资利益保护方式。"一带一路"投资风险案例有很多,中国企业在共建"一带一路"国家落地经营后,也屡受员工罢工影响。有学者的调研结果表明,在其调研的印度尼西亚39家中国企业中,有接近八成的企业认为印度尼西亚的劳工问题严重影响项目的推进。[①] 中国大唐集团在缅甸克钦邦建设的一个水坝项目,建设不久就遭到了当地居民的强烈反对和武力阻挠,大唐集团被迫额外支付了巨额环保税才化解矛盾。[②] 总体来看,海外利益保障措施并不成熟,加之"一带一路"投资及其东道国分布的特殊性,投资安全保障措施的完善显得尤为迫切。

风险是与安全相对的概念,与之前物质匮乏引致风险的社会不同,现代社会风险的本质表现为不确定性的不断增强。当前的人类社会面临的风险被称为现代意义的风险,包括环境污染、恐怖袭击、金融危机、传染病疫情等,并且这些风险有全球蔓延趋势。近两年全球流行的新冠肺炎疫情给人类生命健康和世界经济发展带来极大的风险和高度不确定性。截至2022年4月,已有149个国家与中国签订"一带一路"合作协议,未来"一带一路"的

---

① 潘玥、陈璐莎:《"一带一路"倡议下中国企业对外投资的劳工问题——基于肯尼亚和印度尼西亚经验的研究》,载《东南亚纵横》,2018(1)。

② 宋涛:《中国对缅甸直接投资的发展特征及趋势研究》,载《世界地理研究》,2016(4)。

大门还会一直敞开，那么在风险全球蔓延的新时代，如何规避投资风险对于"一带一路"高质量建设的影响，将是重要且迫切的问题。"一带一路"是中国对参与国际合作以及全球治理新模式的积极探索。与传统的海外投资不同，"一带一路"国家在东道国投资特征、企业性质、投资目的、行业分布等方面都表现出特殊性。从理论层面看，共建"一带一路"国家投资特征是怎样的？从实践层面看，共建"一带一路"国家面临的安全问题具有怎样的特殊性？从政策层面看，共建"一带一路"国家投资安全保障的着力点是什么？如何优化、协调实施相关的安全保障政策体系以促进"一带一路"高质量发展？这些都是学界迫切需要回答的问题。

二、研究背景

本书循着已有相关研究的脉络，探究"一带一路"投资风险防范问题。与跨国投资风险相关的研究已形成了比较成熟的理论、模型和方法，为本书探索"一带一路"投资风险及其防范提供了较好的参考，以下分别从跨国投资风险和"一带一路"投资风险两个方面进行梳理。

(一)跨国投资风险研究

1. 国家风险及其分类

在跨国投资风险研究历程中，国家风险(Country Risk)是重点关注对象，国家风险的研究范畴经历了一系列变化，从一开始重商主义下的贸易限制风险，到后来殖民地扩张下的战争与政治暴乱风险，再到跨国借贷兴起过程中的金融风险，以及大规模海外直接投资下以政治风险为主的国家风险，最后到当前间接投资迅猛发展过程中衍生出的主权信用风险，伴随着的是对贸易、投资等领域的影响。国家风险的内涵也逐渐扩大到跨国贷款以外的经营活动，被定义为在对外投资、贷款和贸易活动中，投资东道国的危险程度。进一步地，梅尔德伦(Meldrum)开始关注跨境业务中国家风险的来源，将风险定义为因经济结构、政策、社会政治制度、地理和货币等方面的国别差异而产生的不确定性风险。[①]

遵循这一定义，国家风险被划分为不同类别。影响国家风险划分的因素，既有来自政府主权行为的因素，也有来自社会民众组织、行业协会的因素；既有来自经济方面的因素，也有来自政治、宗教、社会等方面的因素；既有人为因素，也有自

---

① Meldrum D. H. , "Country Risk and Foreign Direct Investment," *Business Economics*, 2000, 35(1), p. 33.

然灾害因素。布歇（Bouchet）等人将风险分为社会政治风险、经济风险和自然风险，而社会政治风险又分为社会风险、政府决策风险和政治风险。[①] 1984 年开始发布的国际国家风险指南（International Country Risk Guide，ICRG）则将国家风险划分为社会政治风险、经济风险和金融风险。经济合作与发展组织（OECD）在 2004 年对国家风险做了详细分类，主要分为 5 个基本要素：由债务人的政府或政府机构发出的停止付款的命令；由经济事件引起的贷款被制止转移或延迟转移；由法律导致的资金不能兑换成国际通用货币或兑换后不足以达到还款日应该有的金额；任何其他来自外国政府的阻止还款措施；包括战争、地震、瘟疫和洪水等方面的不可抗拒力。

在众多风险中，政治风险被认为是影响国际投资的最重要风险，也是学者重点关注的内容。政治风险是东道国政治环境或与其他国家政治关系发生的变化对企业造成不利影响的可能性。美国的国际国家风险指南在政治风险方面的测度得到了广泛认可，其将政治风险分解为政府稳定性、社会经济状况、投资环境、内部冲突、外部冲突、腐败、政治中的军事、政治中的宗教、法律和秩序、民族紧张关系、民主的可信度、官僚阶层的素质等维度。经济风险是由于东道国经济环境、经济结构

[①] Bouchet M. H., Clark E., Groslambert B., *Country Risk Assessment: A Guide to Global Investment Strategy*, Chichester: Wiley, 2003.

等发生重大改变而使投资回报不确定性增加的可能性，往往与某些政治风险相联系。有学者将跨国投资的经济风险主要分为汇率风险、宏观经济政策风险和市场风险三个类别。① 社会风险主要是可能对外国企业产生不利影响的社会行为，这些行为源自东道国的工会、环保组织等非政府组织和民族主义者等。社会风险若不断升级，很可能上升为政治风险因素。恐怖主义、社会状况、民族关系和价值观等都是社会风险的主要来源。当然，东道国的环保、原住民权益、劳工权益等问题也是产生社会风险的根源。②

2. 东道国风险对 FDI 的影响研究

(1)政治风险对跨国投资的影响。已有研究表明政治风险抑制了外国直接投资(FDI)的流入。③ 有学者以美国对发展中国家投资的数据为样本，通过实证模型研究发现，投资于政治风险

---

① 张金杰：《我国海外投资面临的经济风险及利益保护机制研究》，载《经济纵横》，2017(7)。

② 孙海泳：《中国对外基础设施投资的社会组织风险及对策》，载《现代国际关系》，2016(3)。

③ Hayakawa K., Kimura F., Lee H.-H., "How Does Country Risk Matter for Foreign Direct Investment?" *Developing Economies*, 2013(51), pp. 60-78; 赵青、张华容：《政治风险对中国企业对外直接投资的影响研究》，载《山西财经大学学报》，2016(7); Azzimonti M., "The Politics of FDI Expropriation," *International Economic Review*, 2018, 59(2), pp. 479-510.

越低的东道国，投资回报也越高。① 不过政治风险对于跨国投资的影响也受到经济社会因素的影响，研究发现，经济增速提高或要素成本降低能够显著降低跨国投资对政治风险的敏感度，提高对高风险国家的投资。② 另外，随着全球跨国投资规模的增长，跨国投资企业对东道国的政治敏感度会有所下降。③ 因此，对于异质性东道国来说，即使风险水平相同，对于 FDI 的吸引能力也会存在显著差异。④

在已有研究的基础上，学者们进一步关注政治风险的一些细分领域，他们关注较多的是腐败对于跨国投资的影响。多数研究认为腐败水平较高的东道国对于 FDI 的吸引力显著下降。郑磊和陈克政以中国对外投资为研究对象也发现了这种抑制作用。⑤ 然而，也有学者发现腐败又因为帮助外资企业规避监管

① Vadlamannati K. C., "Impact of Political Risk on FDI Revisited: An Aggregate Firm-level Analysis," *International Interactions*, 2012, 38(1), pp. 111-139.

② Feinberg S. E., Gupta A. K., "MNC Subsidiaries and Country Risk: Internalization as a Safeguard Against Weak External Institutions," *Academy of Management Journal*, 2009, 52(2), pp. 381-399.

③ Méon P. -G., Sekkat K., "FDI Waves, Waves of Neglect of Political Risk," *World Development*, 2012, 40(11), pp. 2194-2205.

④ 陈伟、卢秀容：《东道国国家风险对 FDI 流入量影响显著吗？——来自 60 个国家的证据》，载《经济体制改革》，2016(2)。

⑤ 郑磊、陈克政：《东道国腐败会阻碍外商直接投资流入吗？》，载《财经问题研究》，2017(10)。

和行政限制,产生寻租行为,从而成为吸引外资流入的因素。[1] 如果东道国控制腐败,则降低了外资吸引力。[2] 另外一个经常被关注的表征政治风险的因素是对外资的没收或征用。当资本从发达国家向发展中国家流动时,如果产生的外部性大,那么面临的被征收的风险小,甚至发展中国家会保护外资财产权,如果外部性小,则面临的被征收的风险也高。[3] 后续多数学者开始关注征收风险,发现其对外国资本具有显著抑制作用。[4]

(2)经济风险对跨国投资的影响。王海军和高明研究发现,相对于金融风险来说,经济风险更容易对跨国投资产生显著影响。[5] 陈伟和卢秀荣研究发现,东道国国内市场规模、经济开

---

[1] Egger P. , Winner H. , "Evidence on Corruption as an Incentive for Foreign Direct Investment," *European Journal of Political Economy*, 2005, 21(4), pp. 932-952.

[2] 唐礼智、刘玉:《"一带一路"中我国企业海外投资政治风险的邻国效应》,载《经济管理》,2017(11)。

[3] Maliar L. , Maliar S. , Fidel Pérez Sebastián, "Sovereign Risk, FDI Spillovers, and Growth," *Review of International Economics*, 2008, 16 (3), pp. 463-477.

[4] Asiedu E. , Jin Y. , Nandwa B. , "Does Foreign Aid Mitigate the Adverse Effect of Expropriation Risk on Foreign Direct Investment?" *Journal of International Economics*, 2009, 78(2), pp. 268-275. Akhtaru-zzaman M. , Berg N. , Hajzler C. , "Expropriation Risk and FDI in Developing Countries: Does Return of Capital Dominate Return on Capital?" *European Journal of Political Economy*, 2017(49), pp. 84-107.

[5] 王海军、高明:《国家经济风险与中国企业对外直接投资:基于结构效应的实证分析》,载《经济体制改革》,2012(2)。

放度、汇率和进出口总额对东道国 FDI 流入量影响显著，并呈正向影响，而东道国通货膨胀率和借贷利率对东道国 FDI 流入量则呈负向影响。[①] 余官胜关注不同动机的 FDI 对于经济风险的敏感度，其以中国对外投资为例，发现集约型投资属于风险规避类型，而扩张型投资属于风险偏好类型。[②]

（3）社会风险对跨国投资的影响。邱立成和赵成真将中国对外投资的东道国按照收入进行分类，发现中国对高收入国家的直接投资极易遭受潜在的法律制度风险和环保制度风险。[③] 孙海泳以中国海外基础设施项目为例研究发现，东道国国内的环保、原住民权益，以及外部势力的介入等社会组织风险导致了项目夭折、搁浅和亏损等负面现象。[④] 张元钊基于"中国全球投资追踪"数据库数据研究发现，中国企业对外投资容易受到东道国人类发展水平的显著影响。[⑤]

（4）自然风险对跨国投资的影响。自然风险主要是如地震、

---

① 陈伟、卢秀容：《东道国国家风险对 FDI 流入量影响显著吗？——来自 60 个国家的证据》，载《经济体制改革》，2016(2)。

② 余官胜：《东道国经济风险与我国企业对外直接投资二元增长区位选择——基于面板数据门槛效应模型的研究》，载《中央财经大学学报》，2017(6)。

③ 邱立成、赵成真：《制度环境差异、对外直接投资与风险防范：中国例证》，载《国际贸易问题》，2012(12)。

④ 孙海泳：《中国对外基础设施投资的社会组织风险及对策》，载《现代国际关系》，2016(3)。

⑤ 张元钊：《东道国人类发展水平、政治风险与中国企业对外投资——基于面板 Tobit 模型的实证分析》，载《投资研究》，2017(4)。

洪灾、瘟疫等对投资可能产生的负面影响。自然风险相对比较突发,有学者研究了从 1984 年到 2004 年 94 个国家 FDI 与自然灾害的关系,发现二者具有统计上的显著负相关。[1] 从目前来看,这方面的研究相对较少,不过随着新冠肺炎疫情在全球的持续,其对于跨国投资的影响愈加显著,逐渐有学者关注新冠肺炎疫情对于跨国公司全球投资布局的影响。[2]

(二)"一带一路"投资风险研究

研究"一带一路"投资风险,首先要探讨"一带一路"投资的区位选择及其动机问题,然后在此基础上讨论"一带一路"投资风险问题。

1."一带一路"投资的区位选择及其影响因素

虽然"一带一路"倡议提出的时间不是很长,但已有一些文献对其进行了论述,并有学者主要从东道国因素、母国因素和第三国因素这三个方面对该类文献进行了分类。

东道国因素是对外投资理论中较为重要的组成部分。许陈生和陈荣关注东道国领导人风格对于"一带一路"投资的影响,从非线性关系方面探讨了权威型领导人和民主型领导人之间的

---

[1] Escaleras M., Register C. A., "Natural Disasters and Foreign Direct Investment,"*Land Economics*, 2011, 87(2), pp. 346-363.

[2] 郝身永:《新冠肺炎疫情冲击与跨国公司全球投资布局调整——基于政治动因与经济动因叠加的分析》,载《当代经济管理》,2021(2)。

差异。① 程中海和南楠在"一带一路"框架下，分析了东道国制度环境对于中国对外投资的影响，特别是分析了对外投资的效率以及潜力，发现东道国制度环境越好，中国对其投资的潜力越大，体现了中国投资的"制度背离"现象。② 田原和李建军从资源和制度视角入手，采用面板模型研究中国对"一带一路"国家 OFDI 的区位选择问题。他们的研究结果显示：中国对"一带一路"投资具有"资源寻求"动机；中国投资更倾向于流入政治风险较高的国家，表现出"制度风险偏好"特征；可是同时分析这两个视角，又发现中国投资并非真正偏好制度风险。③ 胡必亮和张坤领探讨了"一带一路"倡议下制度质量与中国对外投资的关系，他们以 124 个共建"一带一路"国家为样本，研究发现制度因素对于中国对外投资的影响尚不显著，当按照制度质量划分东道国类别时，发现"一带一路"倡议的提出显著促进了低制度质量国家对于 FDI 的吸引力。④ 赵明亮分析了国际投资风险因素对中国在"一带一路"沿线国家的 OFDI 的影响。他通过对

① 许陈生、陈荣：《东道国领导人任期与中国在"一带一路"沿线的直接投资》，载《国际经贸探索》，2017(11)。

② 程中海、南楠：《"一带一路"框架下东道国制度环境与中国对外直接投资潜力》，载《软科学》，2018(1)。

③ 田原、李建军：《中国对"一带一路"沿线国家 OFDI 的区位选择——基于资源与制度视角的经验研究》，载《经济问题探索》，2018(1)。

④ 胡必亮、张坤领：《"一带一路"倡议下的制度质量与中国对外直接投资关系》，载《厦门大学学报(哲学社会科学版)》，2021(6)。

引力理论模型进行拓展，提出相应的研究假设，借助泊松伪最大似然估计方法进行实证检验。结果显示，政府治理水平不能促进对外直接投资，而经济自由度会显著促进对外投资。文章同时提出了相应的政策建议。① 张友棠和杨柳以 2007—2015 年"一带一路"沿线国家相关税收数据为样本，编制了国家税收竞争力综合指数，测度研究对象国的税收竞争力水平，通过GMM 模型实证分析了其对中国对外直接投资的影响，并根据实证结果提出了相应政策建议。②

在母国因素方面，研究较少。龚静和尹忠明在"一带一路"倡议下研究我国国内产业结构升级对对外投资的影响。他们利用 2003—2015 年中国对"一带一路"沿线国家投资的数据，借助GMM 动态面板模型进行实证检验。结果显示，在此期间我国产业结构一直不断优化，而这进一步导致我国对"一带一路"沿线国家投资的规模不断扩张。随后文章在此结论基础上提出了相应对策。③

有学者考虑母国与东道国的双边关系是否显著影响跨国投

---

① 赵明亮:《国际投资风险因素是否影响中国在"一带一路"国家的 OF-DI——基于扩展投资引力模型的实证检验》，载《国际经贸探索》，2017(2)。

② 张友棠、杨柳:《"一带一路"国家税收竞争力与中国对外直接投资》，载《国际贸易问题》，2018(3)。

③ 龚静、尹忠明:《"一带一路"背景下国内产业结构升级与对外直接投资关系研究——基于沿线 62 个国家 OFDI 跨境面板数据分析》，载《哈尔滨商业大学学报(社会科学版)》，2018(3)。

资规模。吉生保等人从地理、经济、文化和制度层面考察了东
道国与中国的距离对中国在"一带一路"沿线国家 OFDI 的影响。
他们首先对中国与"一带一路"国家间的地理距离进行统计分析，
发现该类距离明显较中美之间的距离更近；随后利用引力模型
进行实证检验，结果显示地理距离以及文化距离对于中国对外
投资起到抑制作用。① 刘晓凤等人研究了国家距离对中国企业
在"一带一路"沿线国家投资过程中的区位选择的影响。他们将
国家距离分为地理、文化、经济、政治、知识、外交以及与全
球连接等方面，对于各类国家距离进行统计、标准化分析，同
时借助回归分析，探讨其对中国企业对外投资区位选择的影
响。② 张瑞良从制度距离视角分析中国在"一带一路"投资的区
位选择问题。他通过使用拓展后的投资引力模型进行实证检验，
发现制度距离可分为管制性制度距离和规范性制度距离，这两
类距离负向作用于中国企业的区位选择；然而进一步的研究发
现，当中国企业选择制度环境较好的国家进行投资时，其制度
距离的影响反而更大。③

　　相比于前两个因素，关于第三国因素的相关分析则更加缺

　　① 吉生保、李书慧、马淑娟：《中国对"一带一路"国家 OFDI 的多维距离影响研究》，载《世界经济研究》，2018(1)。
　　② 刘晓凤、葛岳静、赵亚博：《国家距离与中国企业在"一带一路"投资区位选择》，载《经济地理》，2017(11)。
　　③ 张瑞良：《中国对"一带一路"沿线国家 OFDI 区位选择研究——基于制度距离视角》，载《山西财经大学学报》，2018(3)。

乏。唐礼智和刘玉通过引入"邻国"因素，构建了包含对外投资与政治风险两个因素在内的理论模型，从而解释了邻国政治风险对中国对外投资的影响。模型显示，邻国政治风险的溢出效应越大，厂商所采取的政治风险防备策略水平越高，厂商利润越低。因此，评估我国企业对外投资政治风险时须同时考虑邻国政治风险的溢出效应。随后，他们借助 2003—2015 年中国对 17 个"一带一路"沿线国家的投资数据，建立空间计量模型，对该问题进行实证检验。结果显示，东道国腐败控制对中国海外投资具有显著的抑制作用，但若考虑到邻国空间溢出效应的作用，邻国的腐败程度控制、内部冲突减弱、外部冲突减缓以及宗教氛围自由都会对东道国产生正向的溢出效应。他们根据研究结果提出了应对措施。[1] 李勤昌和许唯聪从空间效应视角研究了中国对"一带一路"全域投资的区位选择问题，解释了在"一带一路"框架下，中国对外投资合理布局的重要性，同时利用空间计量方法对中国对"一带一路"沿线 55 个国家的投资进行实证检验。结果发现存在空间集聚效应，但是同时存在全域空间布局失衡问题，存在空间溢出效应，但潜力并未得到完全发挥；同时存在挤出效应。他们对如何合理布局提出了相应对策。[2]

① 唐礼智、刘玉：《"一带一路"中我国企业海外投资政治风险的邻国效应》，载《经济管理》，2017(11)。

② 李勤昌、许唯聪：《中国对"一带一路"全域 OFDI 的区位选择——基于空间效应视角》，载《宏观经济研究》，2017(8)。

"一带一路"投资动机不同，影响因素也会有显著差异。目前，已有关于在"一带一路"框架下中国对外投资动机的研究，主要是以研究区位选择或者东道国制度质量为主线，将中国对外投资动机作为切入点，分别分析差异性动机对于研究主线的差别作用。例如，杨亚平和高玥从制度距离以及海外华人网络视角入手，利用2003—2014年我国对"一带一路"沿线国家的投资数据，使用负二项回归模型进行实证检验，研究结果显示，我国企业在进行对外投资选址时，正式制度距离具有"非对称性效应"；我国企业具有差异性制度距离偏好。例如，技术研发型投资偏好正向制度距离大的国家，而商务服务型以及当地生产型投资则显示出规避负向制度距离大的国家的趋势。① 黎绍凯和张广来兼顾投资动机以及风险规避的研究视角，研究了中国对"一带一路"沿线国家的投资布局以及其优化选择，从区位选择以及投资规模两个角度，利用二阶段引力模型，对中国投资进行优化决策分析，并根据研究结果提出相应政策建议。② 彭冬冬和林红主要研究东道国制度质量对中国对"一带一路"沿线国家投资的影响，但是该研究是在差异性投资动因基础上进行的，实证部分采用的是负二项回归模型。实证结果显示，对于

---

① 杨亚平、高玥：《"一带一路"沿线国家的投资选址——制度距离与海外华人网络的视角》，载《经济学动态》，2017(4)。

② 黎绍凯、张广来：《我国对"一带一路"沿线国家直接投资布局与优化选择：兼顾投资动机与风险规避》，载《经济问题探索》，2018(9)。

市场导向型、技术导向型、成本导向型以及工程承包型投资，综合制度环境优良的东道国具有更强的吸引力，而中国资金更倾向于流入法治水平较低的东道国。①

2."一带一路"投资风险研究

随着"一带一路"倡议的提出，越来越多的中国企业开始通过对外直接投资的方式参与"一带一路"建设。有学者开始关注中国企业对"一带一路"国家直接投资可能面临的风险，并在近些年形成一批研究成果。这些成果主要集中在总体的风险和防范对策分析、法律风险防范、环境风险防范、财务风险防范，以及以不同对外投资企业、项目或东道国为对象进行的风险防范分析等方面。

这些研究整体上以"一带一路"背景下中国对外直接投资风险的成果居多（如孙南申、马忠民和潘越、乔章凤、沙启娟等、王凡一）②。这类研究主要探讨了"一带一路"建设中中国对外直接投资风险类别、特征、保障机制等，倾向于描述分析的定性

---

① 彭冬冬、林红：《不同投资动因下东道国制度质量与中国对外直接投资——基于"一带一路"沿线国家数据的实证研究》，载《亚太经济》，2018(2)。

② 孙南申：《"一带一路"背景下对外投资风险规避的保障机制》，载《东方法学》，2018(1)；马忠民、潘越：《"一带一路"背景下中国对外投资风险控制策略研究》，载《经济论坛》，2017(12)；乔章凤：《"一带一路"倡议下企业跨国投资的风险及防范》，载《国际经济合作》，2017(11)；沙启娟、黄新莹、黄超：《"一带一路"倡议下我国企业对外投资风险及对策探讨》，载《国际商务财会》，2018(12)；王凡一：《"一带一路"战略下我国对外投资的前景与风险防范》，载《经济纵横》，2016(7)。

分析。宏观层面，分析了企业对外投资面临的政治、经济、文化等方面的风险，提出了对外投资的风险控制策略。微观层面，在总结企业跨国投资新特点的基础上，从战略认同差异与政治变动风险、投资环境差异与货币金融风险、投资结构失衡与内部经营风险方面分析中国企业在"一带一路"沿线跨国投资的主要风险，并进一步从外源性风险防范、货币金融风险防范及企业内生性风险治理方面提出跨国投资的风险防范机制。在风险规避的保障机制方面，认为政治风险是最大的风险，需要通过特别程序与措施加以预防与规避。同时，对外投资企业应建立和强化企业风险管理机制，以有效规避对外投资中的各类风险，尤其是商业风险。对于已发生的非商业性投资风险，尤其是中国企业因被征收而遭受的损失，更有效的途径是诉诸国际层面的争端解决救济程序。

有学者从具体风险如法律风险、财务风险的角度研究"一带一路"背景下的对外直接投资风险防范问题。[①] 我国企业在"一带一路"背景下开创了对外投资的新格局，同时也遭遇由东道国环境差异而导致的法律风险。已有学者分析了企业对外投资准入阶段、运营阶段和退出阶段面临的法律风险，提出企业对外投资应坚持共商、共建、共享、共担四大原则，打破传统

① 张敏、朱雪燕：《"一带一路"背景下我国企业对外投资法律风险的防范》，载《西安财经学院学报》，2017(1)。

的经济主权原则，建立企业透明度原则及注重国内规则与国际
高标准相结合的原则，同时借助法律尽职调查，关注东道国法
律与政策的内容、调整与变革，以防范和避免企业在环境保护、
税收、知识产权、劳工等方面的法律风险。郭德香和李璐玮进
一步提出要完善我国对外投资保险法律制度。[①] 刘晓玲等人对
"一带一路"倡议下企业对外投资税务风险的量化和应用展开研
究，分析企业在沿线国家投资时面临的主要税务风险，通过风
险量化，估测风险预警值，就企业在"一带一路"沿线国家对外
投资中的税务风险做具体评估。最后，从信息收集、涉税防控
和事后管理等方面提出具体建议。[②]

有学者针对不同投资主体、项目或东道国研究"一带一路"
背景下的对外投资风险问题。李娜以"一带一路"背景下新疆企
业对外投资国别风险为研究重点，从经济基础、法律状况、政
治环境以及偿债能力方面探究新疆企业投资中亚地区的国别风
险。[③] 刁玫研究"一带一路"倡议视角下福建企业对外投资风险
防范。[④] 基于投资类型进行风险分析的，比较有代表性的是孙

---

① 郭德香、李璐玮：《"一带一路"倡议下我国对外投资保险法律制度的完善》，载《中州学刊》，2018(10)。

② 刘晓玲、张欣妍、刘爱军等：《"一带一路"倡议下企业对外投资税务风险的量化和应用研究》，载《天津科技》，2018(6)。

③ 李娜：《"一带一路"背景下新疆企业对外投资国别风险研究》，载《经济论坛》，2018(6)。

④ 刁玫：《"一带一路"倡议视角下福建企业对外投资风险防范》，载《法制与社会》，2018(19)。

南申，其研究"一带一路"背景下中国企业在对外基础设施投资中如何应对面临的各类风险的问题，并从风险的预防措施、转移机制、救济程序方面论述投资风险的应对机制。[1] 王威探讨以"一带一路"建设为背景，中国企业对东盟投资的法律风险、投资保护问题及相应对策。[2] 杨丽华等人聚焦于"一带一路"沿线四大经济走廊的 51 个样本国，对我国 OFDI 的行为特征及所面临的环境风险的具体表征进行实证分析。[3] 殷敏研究"一带一路"倡议下中国对俄投资的法律风险及应对措施，提出中国对俄投资需要提高法律风险防范意识，利用法律保护自身的合法投资权益，规避或者降低法律风险，在"一带一路"倡议的指引下顺利开展对俄投资合作，提升经济实力，促进互利共赢。[4]

　　"一带一路"投资及风险防范问题已经是学术界所关注的重要议题。现有关于"一带一路"投资安全问题的研究主要集中于"一带一路"框架下的中国 OFDI 的投资风险评价方面（在该类分析中，东道国因素为研究重点）。一般来说，现有文献大多基于东道国国家层面数据对"一带一路"投资安全问题进行分析。然

---

[1]　孙南申：《"一带一路"背景下对外投资风险规避的保障机制》，载《东方法学》，2018(1)。

[2]　王威：《"一带一路"背景下中国对东盟投资的法律风险及对策》，载《改革与战略》，2017(12)。

[3]　杨丽华、薛莹、董晨晨：《"一带一路"背景下中国 ODI 的行为特征及环境风险表征》，载《长沙理工大学学报(社会科学版)》，2019(4)。

[4]　殷敏：《"一带一路"倡议下中国对俄投资的法律风险及应对》，载《国际商务研究》，2018(1)。

而，"一带一路"投资安全直接影响主体为投资企业，若脱离投资企业，使用国家层面信息对"一带一路"投资安全问题进行研究，会使其缺乏一定的科学性与代表性。因此，本项研究拟纳入国家层面、行业层面和投资企业层面进行"一带一路"投资风险防范研究，一方面，拟丰富与"一带一路"投资风险相关的理论研究；另一方面，在实证过程中纳入微观数据，以弥补传统研究"一带一路"投资风险防范对策的不足。

三、研究内容

本项研究聚焦于中国对 149 个共建"一带一路"国家投资风险的测算、排序与评估，并基于我们的测算、排序与评估结果，提出根据国家的不同类型分类防范投资风险的看法与建议。

(一)研究对象

本课题的研究对象为共建"一带一路"国家，即与中国中央政府签订共建"一带一路"合作文件的国家。根据中国一带一路网的统计，截至 2022 年 4 月，中国已经同 149 个国家和 32 个国际组织签署了 200 余份共建"一带一路"合作文件。其中非洲52 国、亚洲 38 国、欧洲 27 国、大洋洲 11 国、南美洲 9 国，北美洲 12 国（表 1-1）。我们此前已开展了以共建"一带一路"国家为研究对象的相关研究，就其综合发展水平，以及 FDI 投资影响等议题展开探讨，这为本项研究打下了基础。[①] 因此，本项研究提到的"一带一路"投资，指的就是中国对共建"一带一路"国家的投资。

表 1-1 已同中国中央政府签订共建"一带一路"合作文件的国家一览表

洲别	国家
非洲（52 国）	苏丹、南非、塞内加尔、塞拉利昂、科特迪瓦、索马里、喀麦隆、南苏丹、塞舌尔、几内亚、加纳、赞比亚、莫桑比克、加蓬、纳米比亚、毛里塔尼亚、安哥拉、吉布提、埃塞俄比亚、肯尼亚、尼日利亚、乍得、刚果（布）、津巴布韦、阿尔及利亚、坦桑尼亚、布隆迪、佛得角、乌干达、冈比亚、多哥、卢旺达、摩洛哥、马达加斯加、突尼斯、利比亚、埃及、赤道几内亚、利比里亚、莱索托、科摩罗、贝宁、马里、尼日尔、刚果（金）、博茨瓦纳、中非、几内亚比绍、厄立特里亚、布基纳法索、圣多美和普林西比、马拉维
亚洲（38 国）	韩国、蒙古国、新加坡、东帝汶、马来西亚、缅甸、柬埔寨、越南、老挝、文莱、巴基斯坦、斯里兰卡、孟加拉国、尼泊尔、马尔代夫、阿联酋、科威特、土耳其、卡塔尔、阿曼、黎巴嫩、沙特阿拉伯、巴林、伊朗、伊拉克、阿富汗、阿塞拜疆、格鲁吉亚、亚美尼亚、哈萨克斯坦、吉尔吉斯斯坦、塔吉克斯坦、乌兹别克斯坦、泰国、印度尼西亚、菲律宾、也门、叙利亚
欧洲（27 国）	俄罗斯、奥地利、希腊、波兰、塞尔维亚、捷克、保加利亚、斯洛伐克、阿尔巴尼亚、克罗地亚、波黑、黑山、爱沙尼亚、立陶宛、斯洛文尼亚、匈牙利、北马其顿、罗马尼亚、拉脱维亚、乌克兰、白俄罗斯、摩尔多瓦、马耳他、葡萄牙、意大利、卢森堡、塞浦路斯

[①] 胡必亮、张坤领：《共建"一带一路"国家的综合发展水平测算与评估》，载《学习与探索》，2022(3)；胡必亮、张坤领：《"一带一路"倡议下的制度质量与中国对外直接投资关系》，载《厦门大学学报（哲学社会科学版）》，2021(6)。

洲别	国家
大洋洲 (11国)	新西兰、巴布亚新几内亚、萨摩亚、纽埃、斐济、密克罗尼西亚联邦、库克群岛、汤加、瓦努阿图、所罗门群岛、基里巴斯
南美洲 (9国)	智利、圭亚那、玻利维亚、乌拉圭、委内瑞拉、苏里南、厄瓜多尔、秘鲁、阿根廷
北美洲 (12国)	哥斯达黎加、巴拿马、萨尔瓦多、多米尼加、特立尼达和多巴哥、安提瓜和巴布达、多米尼克、格林纳达、巴巴多斯、古巴、牙买加、尼加拉瓜

资料来源:中国一带一路网。

(二)主要内容

推进"一带一路"建设工作领导小组组长韩正在部署2022年工作重点时,强调要把风险防控作为重中之重,要聚焦重点国别、重点区域、重点领域、重点项目落实各项工作任务,织密扎牢风险防控网络。本项研究就是试图探讨中国对共建"一带一路"国家投资的风险防范问题。围绕这一问题,第二章分析"一带一路"投资的主要国别区域分布特征及时空演化趋势;第三章主要介绍共建"一带一路"国家的投资风险指标体系的构建;第四章主要联系风险防范问题进行典型案例分析;第五章主要结合"一带一路"重点投资国家及其风险特征,分国别、分项目进行重点风险分析,并从企业和国家层面提出有针对性的风险防范对策、建议。

1."一带一路"投资时空演化分析

第二章内容主要包括两个方面:一方面是从总体投资规模

的角度探究中国企业海外投资的国别与区域分布情况，以及所属行业异质性特征等；另一方面是基于超过1亿美元（包括1亿美元，后文同）投资项目的统计，梳理"一带一路"大型投资的金额、次数及时间变化趋势，以及大型投资所在的行业类别、投资模式（绿地投资或是跨国并购）等，并以超过10亿美元的9个大型项目为例进行典型案例分析。第二章研究的特色在于，将"一带一路"投资分析的视角从总体规模切入大型投资项目层面，使"一带一路"投资概况呈现出更加立体的特征。通过研究，我们得出如下结论：第一，从动态看，中国对外投资目的国的地域分布正逐渐向共建"一带一路"国家集中，非共建国家吸引中国投资规模以美国为代表快速降低；第二，从投资行业分布看，"一带一路"大型投资主要集中在能源、交通和金属行业，2020年投资金额占比达81.33%。"一带一路"大型投资具有很强的行业集聚性，交通投资较高的比重呼应了"一带一路""五通"建设中设施联通的建设内容。

2."一带一路"投资国别风险评价

"一带一路"投资面临的安全问题不同于传统的跨国投资，"一带一路"投资是中国助力区域经济合作、实现合作共赢、打造命运共同体以推动参与国共同发展的尝试。它一头连接技术先进、市场成熟、经济发达、政治稳定的西欧国家，另一头连接中亚、南亚、西亚和中东欧等的一批市场不太成熟、政治不太稳定但亟待建设开发的发展中国家。这个区域投资安全问题的形成具有自身特点。我们借助投资风险测算工具，基于世界银行 WDI 数据库、EIU Countrydata 数据库、EIU Country Risk Model 数据库、ICRG 数据库、世界银行 DB 数据库等，基于"一带一路"投资安全环境的理论分析，构建政治安全、经济安全、金融安全、社会安全、双边关系方面的 5 个一级指标及其 25 个子指标模型，精准分析"一带一路"投资东道国在政治、经济、社会、金融等方面的投资风险。

因此，第三章所做的一项重要工作就是构建符合"一带一路"投资国别风险评价指标体系，并基于科学的评估模型，对 149 个共建"一带一路"国家的投资风险进行测算、排序与评估。参考已有研究，结合"一带一路"投资特征，第三章构建包含政治风险、经济风险、金融风险、社会风险和双边关系风险 5 个维度的一级指标，并在每个维度下选择 5 个二级指标，形成含有 25 个二级指标的风险评价指标体系，然后利用均权法构建评估模型，测算 149 个共建国家的综合风险指数。本项研究构建的指标体系的特色在于：第一，尽量使指标可量化，以避免专家打分导致的主观性强的问题。本项研究基于 CGIT 数据库，测算被终止项目的占比情况，以考察投资受阻程度，即对华限制情况。第二，参考中国社会科学院世界经济与政治研究所的相关研究，引入对华双边关系作为风险的一个维度，加以考察。

第三，动态比较风险年度变化情况，采用面板归一化方法进行数据标准化处理，从而保证了不同年份的结果可比。第四，目前尚未发现有以测算 149 个共建"一带一路"国家风险情况的专门研究，这项研究应该是第一项结合所有共建"一带一路"国家而测算中国企业投资于共建"一带一路"国家风险的专项研究，具有一定的创新价值。

通过测算 2016—2020 年 5 年间共建"一带一路"国家的投资风险，我们得出了三个基本结论：第一，共建"一带一路"国家中，投资风险综合水平最低的 10 个国家分别是：卢森堡、新加坡、新西兰、马耳他、奥地利、爱沙尼亚、韩国、塞浦路斯、捷克、斯洛伐克；投资风险综合水平最高的 10 个国家分别是委内瑞拉、中非、索马里、刚果(金)、叙利亚、利比亚、乍得、南苏丹、几内亚比绍、也门。第二，风险较低的国家主要是分布在欧洲和亚太地区的比较发达的国家，而风险较高的国家主要是亚非地区的发展中国家或仍处于政治动荡中的国家。在共建"一带一路"国家中，发达经济体的整体投资风险明显低于新兴经济体。第三，从动态变化来看，2020 年与 2016 年相比，有 76 个国家的风险上升，其中马尔代夫是共建国家中风险排名下降最多的国家，从 2016 年的第 89 位下降到 2020 年的第 134 位，主要是因为政府稳定性和腐败控制排名下降幅度较大，分别从 2016 年的第 73 位和第 44 位下降到 2020 年的第 134 位和第

89位。一方面，受政权更迭、政党纷争等因素影响，马尔代夫政局一度动荡不安；另一方面，疫情对旅游业的影响致使其经济增速从2019年的6.88％急剧下降到2020年的－33.50％。排名上升最多的国家是巴布亚新几内亚，2016年风险排名第100位，2020年上升到第56位。我们需要关注的是，近年来，南太平洋地区地缘政治竞争加剧，美国、澳大利亚、新西兰、日本等国纷纷调整战略，加强对该地区的影响，这也将给中国企业投资带来一些影响。

3."一带一路"投资问题项目追踪

风险只是不确定性，而实际发生的失败案例则是高风险在现实中的反映。因此，第四章梳理了中国对共建"一带一路"国家的典型投资问题项目(被终止或叫停)，进行国别区域分布分析，以及典型失败投资案例探讨。本研究以CGIT数据库披露的大型投资问题项目为基础，对"一带一路"建设的典型问题项目进行案例分析。通过分析我们发现，问题项目主要集中在能源、金属和交通领域，但我国对共建"一带一路"国家大型投资失败项目的金额和频率正逐渐下降，同时我国对美国、澳大利亚、英国等国家的大型投资项目失败的数量却在增加。

4."一带一路"投资风险防范

第五章主要围绕国家风险、专项风险和项目风险展开，分别提出风险防范对策建议。首先，通过四象限分类法，探讨如何重点防范国家风险。根据中国对共建"一带一路"国家的投资规模和该国投资风险水平，划分出了四个投资—风险类型，分别是低投资低风险国家、高投资低风险国家、高投资高风险国家和低投资高风险国家，从投资国别选择层面给出跨国投资风险防范的策略选择。其次，以低风险国家和高风险国家为两个类别，分析中国企业在对低风险国家投资的过程中可能会出现哪些重要阻力，因而延伸出企业在低风险国家投资需要重点防范的细分风险；并以老挝、巴基斯坦等高风险国家吸引大规模中国投资的现象而提出问题，即是什么原因驱动中国企业对高风险国家持续扩大投资。本项研究发现，与中国良好的双边关系，通过对冲政治风险、经济风险、金融风险和社会风险，而使这些高风险国家吸引了大量中国企业到当地投资，因此提出建议，对这个类型的高风险国家投资，应依托良好的双边关系，两国政府应联合改善跨国企业投资环境，最大限度规避投资风险。最后，基于项目层面的风险防控分析，重点以交通和能源两大行业的项目建设为例进行风险防范分析，从企业和政府层面提出应对策略，真正将风险防范落实到项目层面。建立健全制度和机制，有助于加强对重大项目的动态监测和风险预研预判，织密扎牢风险防控网络。

总之，充分识别和评估"一带一路"建设中的对外直接投资风险并加以有效防范，需要建立科学的投资风险防范机制，保证风险评估、预警、应对和处置各环节运行流畅有效,并从不同层面落实各种防范措施,使各种措施配合使用、共同发挥作用,从而实现更低风险、更高收益地推进"一带一路"建设,以高质量共建"一带一路"开启国际合作共赢新时代。

第二章 | "一带一路"投资时空演化分析

　　当前阶段，全球经济低迷以及国家间投资摩擦等原因使中国对外直接投资规模与国别分布发生显著变化，新时期把握中国对共建"一带一路"国家的投资特征，厘清投资规模及国别、区域分布情况，以及时空演化特征，对于风险防控具有基础性作用。本章探讨中国对共建"一带一路"国家的投资规模及其国别、区域分布情况，并围绕中国对外投资的大型项目及其所在行业进行特征与案例分析，为后续章节结合国别投资风险分析防范对策提供支撑。

一、中国对外投资的国别与区域分布

实施改革开放政策后，中国通过外商投资渠道获得不少资金，但初期还没有资金向其他国家投资。2000 年后，中国开始有一定规模的资金投向其他国家，到 2020 年，已经在近 200 个国家或地区投资了 2 万多亿美元。那么，这些资金主要投向了哪些国家和哪些行业呢？这是我们这项研究必须了解的基本情况。

(一)中国对外直接投资规模变化

我国对外直接投资规模正在持续扩大（图 2-1）。自 2003 年建立中国对外直接投资统计制度以来，在近 20 年时间里，中国对外直接投资飞速发展，2020 年的投资流量是 2002 年的 57 倍，年均增长速度高达 25.2%，"十三五"时期中国累计对外直接投资 7881 亿美元，较"十二五"时期增长 46.2%，占全球比重连续五年超过一成，中国对外直接投资在全球外国直接投资中的影响力不断扩大。

2012 年到 2020 年，中国对外直接投资流量年均增长超过 7%，连续 9 年位列全球对外直接投资流量前三位。2020 年，

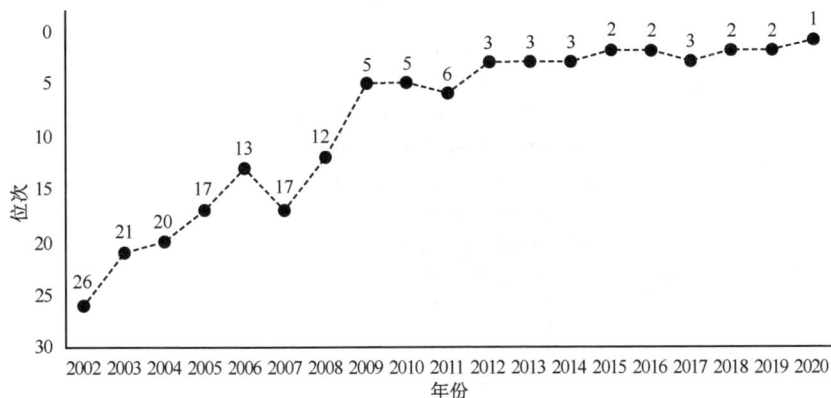

图 2-1 2002—2020 年中国对外直接投资流量在全球的位次变化情况

资料来源：商务部、国家统计局、国家外汇管理局联合编制的历年《中国对外直接投资统计公报》，中国商务出版社。

受新冠肺炎疫情严重冲击，世界经济萎缩 3.3%，自 2009 年以来首次出现负增长，全球货物贸易萎缩 5.3%，外国直接投资较 2019 年减少近四成。中国在全球主要经济体中唯一实现经济正增长，2020 年中国对外直接投资流量 1537.1 亿美元，同比增长 12.3%，首次位居全球第一。截至 2020 年年底，中国 2.8 万家境内投资者在国（境）外共设立对外直接投资企业 4.5 万家，分布在全球 189 个国家（地区），年末境外企业资产总额为 7.9 万亿美元。2020 年年末，我国对外直接投资存量达 2.58 万亿美元，是 2012 年年末的近 5 倍，占全球比重由 2012 年的 2.3% 提升至 6.6%，排名由第十三位攀升至第三位，仅次于美国（8.13 万亿美元）、荷兰（3.80 万亿美元）（图 2-2）。联合国贸发

流量（亿美元）

国家/地区	流量（亿美元）
中国	1537.1
卢森堡	1270.9
日本	1157.0
中国香港	1022.2
美国	928.1
加拿大	486.6
法国	442.0
英属维尔京群岛	422.8
德国	349.5
韩国	324.8
新加坡	323.8
瑞典	310.1

-400　100　600　1100　1600

存量（万亿美元）

国家/地区	存量（万亿美元）
美国	8.13
荷兰	3.80
中国	2.58
英国	2.06
日本	1.98
德国	1.98
加拿大	1.96
中国香港	1.95
法国	1.72
瑞士	1.63
新加坡	1.22
爱尔兰	1.21
韩国	0.50
俄罗斯	0.38

0.00　5.00　10.00

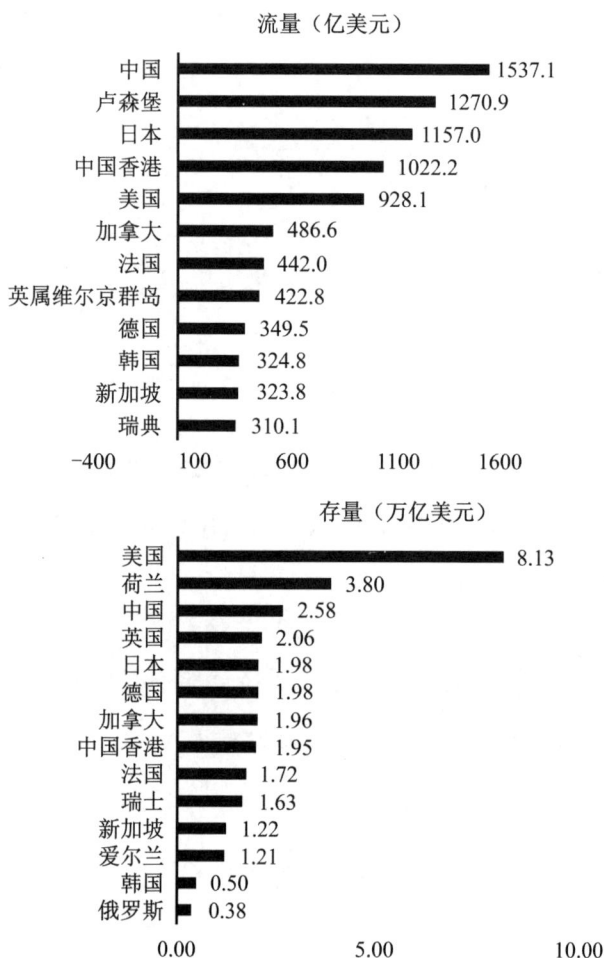

图 2-2　2020 年部分国家或地区的对外直接投资流量和存量分布

资料来源：2020 年中国对外直接投资数据来源于《2020 年度中国对外直接投资统计公报》；其他国家或地区的对外直接投资数据来自联合国贸发会议《2021 世界投资报告》。

会议（UNCTAD）发布的《2021 世界投资报告》显示，2020 年全球对外直接投资流量为 0.74 万亿美元，年末存量为 39.25 万亿美元，中国对外直接投资流量和存量分别占比 20.2% 和 6.6%，对世界经济的贡献日益明显。即使是在形势复杂严峻的 2021 年，国际收支平衡表数据显示，我国对外直接投资流量仍然保持较大规模，为 1280 亿美元。国际投资头寸表显示，2021 年年末，我国对外直接投资存量稳定在 2.6 万亿美元。

在规模增长的同时，投资行业和地域也得到拓展。从行业分布来看，投资领域日趋广泛，根据商务部等发布的《2020 年度中国对外直接投资统计公报》，截至 2020 年年末，存量投资超过八成分布在 6 个主要行业，其中 32.2% 的存量投资分布在租赁和商务服务业，13.4% 的存量投资分布在批发和零售业，11.5% 的存量投资分布在信息传输/软件和信息技术服务业，10.8% 的存量投资分布在制造业，10.5% 的存量投资分布在金融业，以及 6.8% 的存量投资分布在采矿业，说明中国对外直接投资已经覆盖了国民经济的重要行业类别。从投资地域来看，截至 2020 年年末，中国的对外直接投资存量已经分布在全球 189 个国家（地区），占全球国家（地区）总数的 81.1%。中国对外直接投资收效显著，2020 年境外中资企业向投资所在国家（地区）缴纳税金合计 445 亿美元，雇用外方员工 218.8 万人，占境外企业员工总数的 60.6%。境外中资企业实现销售收入 2.4 万亿美元，对外投资带动我国货物出口 1737 亿美元。

(二)中国对外直接投资结构布局

中国对外直接投资产业结构持续优化，同时地域高度集中。

从投资的产业结构来看，过去 10 年中，中国对外投资的行业变化也体现了我国产业结构的变化，流向服务业的投资额明显多于流向制造业的。2010 年，中国对外直接投资流向服务业的比例首次超过流向制造业的，达到 48.7％。图 2-3 显示，中国对外直接投资主要流向租赁和商务服务业，无论是 2011 年还是 2020 年，投资存量比重都占据第一位，占比分别是 33.5％和 32.2％，2020 年受到新冠肺炎疫情影响，服务业投资存量比重

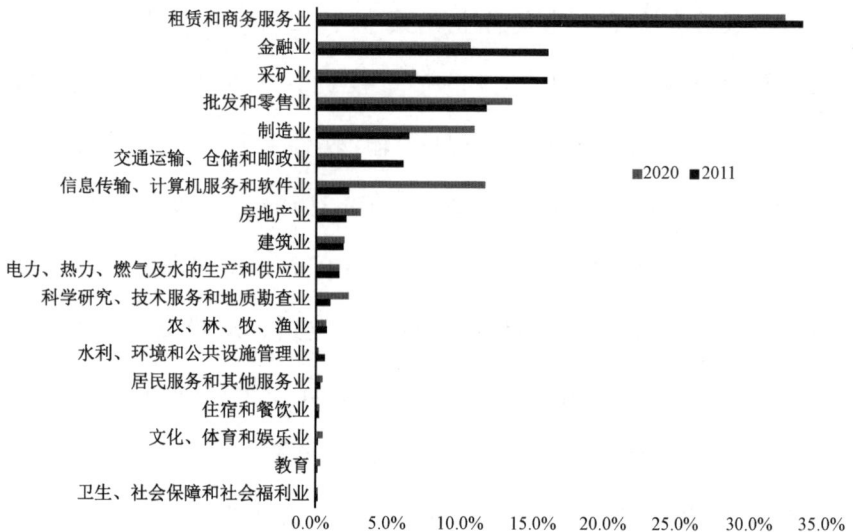

图 2-3 中国对外直接投资存量规模的行业分布(2011，2020)

资料来源：商务部、国家统计局、国家外汇管理局主编：《2011 年度中国对外直接投资统计公报》，中国商务出版社，2012 年版；《2020 年度中国对外直接投资统计公报》，中国商务出版社，2021 年版。

注：其中"电力、热力、燃气及水的生产和供应业"，在 2011 年的行业统计口径中应为"电力、煤气及水的生产和供应业"。

有所降低。纺织、化工、通用设备等领域的投资均较 10 年前有所回落，专用设备制造、信息和电子设备制造等领域吸引投资较 10 年前有所增加，但增幅相对有限。相比之下，服务业中的信息传输、计算机服务和软件业，批发和零售业，科学研究、技术服务和地质勘查业，交通运输、仓储和邮政业，教育，卫生、社会保障和社会福利业等行业 2020 年较 10 年前出现明显增长。尤其是信息传输、计算机服务和软件业对外投资在2020 年占总存量投资的 11.5%，2011 年则仅占 2.2%。

　　不过，从投资的区域与国别结构分布来看，中国对外直接投资相对集中于少数区域和国家。在区域分布上，图 2-4 显示，2020 年中国对外直接投资流量中有 73.1% 分布在亚洲，其次是

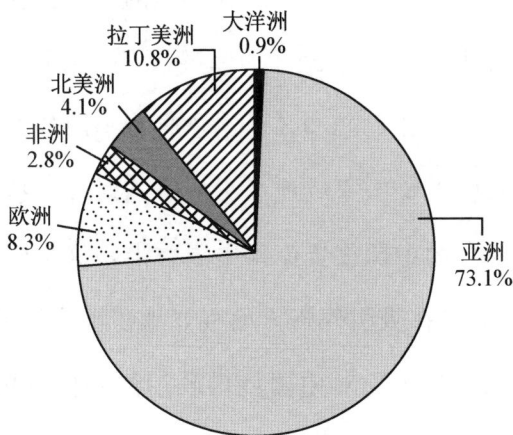

图 2-4　2020 年中国对外直接投资流量的地区分布①

资料来源：商务部、国家统计局、国家外汇管理局主编：《2020 年度中国对外直接投资统计公报》，中国商务出版社，2021 年版。

① 北美洲包括美国、加拿大和百慕大群岛。

拉丁美洲吸引了中国投资流量的 10.8%，以及欧洲吸引了 8.3%，北美洲（美国、加拿大、百慕大群岛）、非洲和大洋洲占比分别为 4.1%、2.8% 和 0.9%，几乎四分之三的投资都在亚洲。而根据联合国贸发组织 2021 年 6 月发布的《2021 世界投资报告》，新冠肺炎疫情导致 2020 年外国直接投资大幅下降，新项目投资全面收缩，跨境并购步伐放缓。这种下降在发达经济体中尤为严重，下降了 58%，而发展中经济体仅下降 8%，主要因为较有韧性的投资流入了亚洲，这得益于中国较大比重的投资都集中在亚洲国家。

在国别分布方面，中国对外直接投资国别或地区集中度非常高。表 2-1、表 2-2 显示，2020 年中国对外直接投资流量在前 20 位的国家或地区总量达到了 91.7%，而存量投资集中在前 20 位的占比总和达到了 93.3%，这意味着中国的对外直接投资基本上集中在这 20 个国家或地区。从中国对外直接投资流量来看，2020 年 58% 的中国投资流入中国香港，这是因为香港作为国际金融自由港，在吸引外资方面很好地扮演了"国际资本中转站"的特殊角色，为避免对中国境内政治经济体制的不适应性，转道香港投资中国内地已成为国际资本投资的惯常方式。同时，部分内地资本为了自身的国际化战略，以及为谋求境外上市和税收优惠等，一般都喜欢选择在香港注册企业，然后再投资于内地，这也在客观上推高了进入香港的对外投资的占比。从中可以看出，到 2020 年，中国对香港地区的投资存量达 55.7%。开曼群岛和英属维尔京群岛是著名的全球离岸金融中心，吸引了大量中国跨国企业到此注册，2020 年中国对其投资流量分别占比 5.6% 和 4.5%，仅次于中国香港，分别排在第二位和第三位，美国位列第四。

表 2-1 2020 年中国对外直接投资流量前 20 位的国家或地区

序号	国家或地区	流量（亿美元）	占比（%）
1	中国香港	891.5	58.0
2	开曼群岛	85.6	5.6
3	英属维尔京群岛	69.8	4.5
4	美国	60.2	3.9
5	新加坡	59.2	3.9
6	荷兰	49.4	3.2
7	印度尼西亚	22.0	1.4
8	瑞典	19.3	1.3
9	泰国	18.8	1.2
10	越南	18.8	1.2
11	阿联酋	15.5	1.0
12	老挝	14.5	0.9
13	德国	13.8	0.9
14	马来西亚	13.7	0.9
15	澳大利亚	12.0	0.8
16	瑞士	10.7	0.7
17	柬埔寨	9.6	0.6
18	巴基斯坦	9.5	0.6
19	英国	9.2	0.6

续表

序号	国家或地区	流量(亿美元)	占比(%)
20	中国澳门	8.3	0.5
	合计	1411.4	91.7

资料来源：商务部、国家统计局、国家外汇管理局主编：《2020年度中国对外直接投资统计公报》，中国商务出版社，2021年版。

表2-2 2020年中国对外直接投资存量前20位的国家或地区

序号	国家或地区	流量(亿美元)	占比(%)
1	中国香港	14385.3	55.7
2	开曼群岛	4570.3	17.7
3	英属维尔京群岛	1556.4	6.0
4	美国	800.5	3.1
5	新加坡	598.6	2.3
6	澳大利亚	344.4	1.3
7	荷兰	260.4	1.0
8	印度尼西亚	179.4	0.7
9	英国	176.5	0.7
10	卢森堡	160.0	0.6
11	德国	145.5	0.6
12	加拿大	124.9	0.5
13	俄罗斯	120.7	0.5
14	瑞典	106.0	0.4
15	中国澳门	105.3	0.4
16	马来西亚	102.1	0.4
17	老挝	102.0	0.4
18	阿联酋	92.8	0.4
19	泰国	88.3	0.3

续表

序号	国家或地区	流量（亿美元）	占比（%）
20	越南	85.7	0.3
	合计	24105.1	93.3

资料来源：商务部、国家统计局、国家外汇管理局主编：《2020 年度中国对外直接投资统计公报》，中国商务出版社，2021 年版。

（三）"一带一路"投资规模与结构

截至 2022 年 4 月，与中国签订共建"一带一路"合作协议的国家有 149 个，除了纽埃和索马里外，中国对其他 147 个国家均有直接投资。2020 年中国对共建"一带一路"国家投资存量为 0.28 万亿美元[①]，在中国对外直接投资存量前 20 位的国家中，有 9 个国家是共建"一带一路"国家。表 2-3 显示，中国对新加坡的直接投资存量占共建"一带一路"国家直接投资总存量的 21.4%，其次是对印度尼西亚和卢森堡的直接投资存量，占比也超过了 5%，总体上排名前 20 位的共建"一带一路"国家吸引了中国对所有共建国家直接投资存量总额的 73.5%，接近四分之三的直接投资存量集中到了这 20 个国家。

表 2-3　2020 年中国对共建"一带一路"国家的直接投资存量前 20 位的国家

排名	国家	投资存量（亿美元）	占比（%）
1	新加坡	598.579	21.40

① 截至 2020 年年底，中国企业对外直接投资存量为 2.58 万亿美元，其中近 80%（79.4%）投向了香港（占 55.7%）、开曼群岛（占 17.7%）和英属维尔京群岛（占 6.0%），而这三个地区都未统计到"一带一路"投资中。

续表

排名	国家	投资存量(亿美元)	占比(%)
2	印度尼西亚	179.388	6.40
3	卢森堡	159.955	5.70
4	俄罗斯	120.709	4.30
5	马来西亚	102.118	3.70
6	老挝	102.014	3.70
7	阿联酋	92.832	3.30
8	泰国	88.256	3.20
9	越南	85.746	3.10
10	韩国	70.547	2.50
11	柬埔寨	70.385	2.50
12	巴基斯坦	62.189	2.20
13	哈萨克斯坦	58.694	2.10
14	南非	54.172	1.90
15	缅甸	38.090	1.40
16	刚果(金)	36.881	1.30
17	伊朗	35.272	1.30
18	乌兹别克斯坦	32.646	1.20
19	蒙古国	32.361	1.20
20	赞比亚	30.550	1.10
	合计	2051.384	73.50

资料来源：商务部、国家统计局、国家外汇管理局主编：《2020年度中国对外直接投资统计公报》，中国商务出版社，2021年版。

从区域分布来看，图2-5显示，中国的"一带一路"投资主要集中在亚洲，占了66%，以新加坡最高，2020年吸引中国的投资存量为598.58亿美元，其次为印度尼西亚，为179.39亿美元。非洲和欧洲吸引中国的投资比重相差不大，在15%的非洲投资中，以南非、刚果（金）为主，而欧洲则以卢森堡和俄罗斯为主。

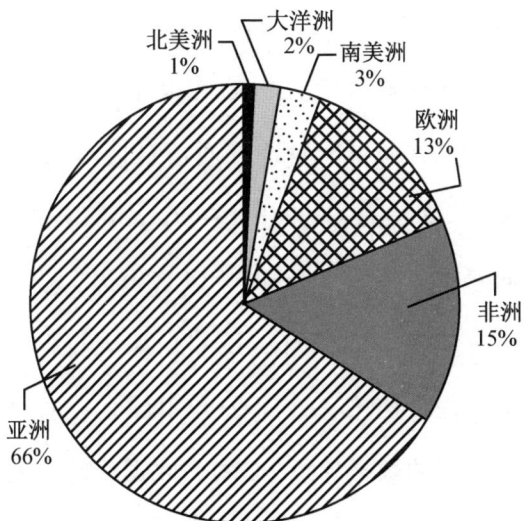

图 2-5　中国对共建"一带一路"国家投资存量的区域分布（2020）

资料来源：商务部、国家统计局、国家外汇管理局主编：《2020 年度中国对外直接投资统计公报》，中国商务出版社，2021 年版。

二、中国对外大型投资的项目与类型

与世界上其他国家的对外投资相比，中国对外投资的一个十分重要的特点就是国有企业投资所占比重比较大，而国有企业的投资项目一般都比较大。在共建"一带一路"国际合作背景下，中国的对外投资在这方面也表现得比较明显，国有企业投资比较多，大型项目比较多。

（一）中国对外大型投资项目分析

进行中国对外投资风险分析的前提是对投资项目及其所在行业有详细的了解，而目前对这方面信息披露比较详细的是"中国全球投资追踪"（China Global Investment Tracker，CGIT）数据库，该数据库收集整理了 2005 年以来中国企业对外投资额超过 1 亿美元的每笔投资的信息。该数据库既包括绿地投资，也包括跨国并购，是目前唯一一个公开中国企业对外绿地投资与工程承包详细信息的数据库。[①] CGIT 数据库除了提供企业每笔投资的具体金额外，还提供投资主体、投资国家、投资行业、投资时间、股权比例以及投资是否出现问题等信息，便于本书梳理中国对外大型投资的主要项目及类型。

根据 CGIT 数据库，从 2005 年到 2020 年，中国对外直接投资超过 1 亿美元的大型项目共计 3524 项，涉及项目金额 2.1 万亿美元。图 2-6 显示了 2005—2020 年中国企业对外大型投资（每笔投资额在 1 亿美元以上）的项目个数及金额的年度分布情况，从中可以看出，无论是项目数量还是金额，都经历了

[①] Du J. L. , Zhang Y. F. , "Does One Belt One Road Initiative Promote Chinese Overseas Direct Investment," *China Economic Review*，2018，47（2），pp. 189-205；金刚、沈坤荣：《中国企业对"一带一路"沿线国家的交通投资效应：发展效应还是债务陷阱》，载《中国工业经济》，2019(9)。

从 2005 年到 2013 年的缓慢增长期。从 2013 年"一带一路"倡议提出以后，大型项目投资出现快速增长，到 2017 年金额达到最高，为 2556.3 亿美元。之后受到经济"逆全球化"、中美贸易摩擦以及 2020 年以来的新冠肺炎疫情等因素影响，全球经济停滞甚至出现负增长，中国对外大型投资金额也随之减少，到 2020 年大型项目投资仅为 642 亿美元，甚至低于 2008 年 877.1 亿美元的投资。投资项目个数在 2020 年降到 146 项，而 2016 年则达到 430 项。

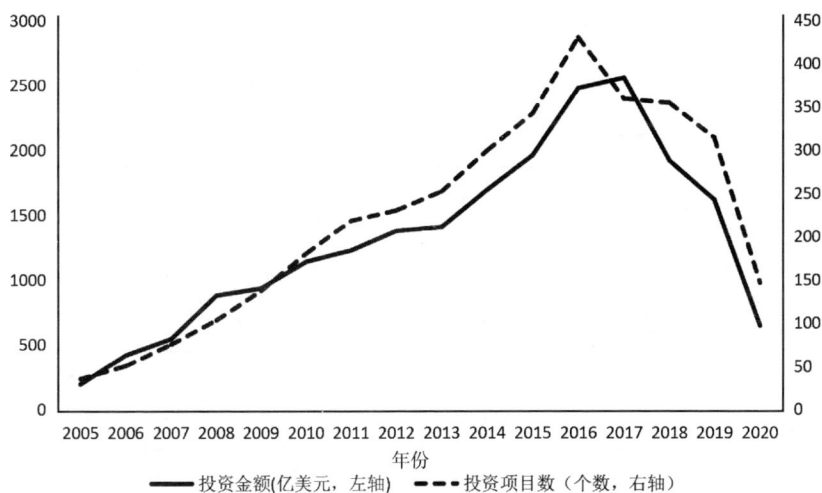

图 2-6   中国企业对外大型投资项目数量及金额变化趋势(2005—2020)

资料来源：CGIT 数据库。

附表 2-1 显示了中国企业对外大型投资东道国、项目数及金额情况。从中可以看出，自 2005 年到 2020 年共有 153 个国家接受了中国单次超过 1 亿美元的大型投资，规模最大的是美国，总计大型投资 290 项，金额 1892.8 亿美元；其次是澳大利亚，中国对其大型投资 205 项，涉及金额 1199.4 亿美元；英国排在第三位，中国对其大型投资 122 项，涉及金额 986.4 亿美元。表 2-4 汇总了 2005—2020 年中国对外直接投资大型项目排名前 20 位的东道国分布情况。从中可以看出，中国对外直接投资大型项目主要分布在亚洲，这与中国投资总体集中在亚洲的基本格局是相吻合的。下面以美国、澳大利亚和英国为分析对象，观察中国对其在 2005—2020 年的投资情况。图 2-7 显示，中国对美国的大型投资从 2017 年开始急剧减少；中国对英国和澳大利亚的大型投资在近几年也出现了快速下降态势。

表 2-4　中国对外大型投资金额排名前 20 位的东道国分布情况（2005—2020）

排名	投资的国家	项目个数	投资金额（亿美元）	排名	投资的国家	项目个数	投资金额（亿美元）
1	美国	290	1892.8	11	马来西亚	88	433.1
2	澳大利亚	205	1199.4	12	尼日利亚	52	401.5
3	英国	122	986.4	13	沙特阿拉伯	71	398.6
4	巴西	83	702.7	14	阿联酋	71	347.0
5	巴基斯坦	91	599.6	15	印度	71	345.6
6	加拿大	71	571.3	16	哈萨克斯坦	43	341.2
7	俄罗斯	79	559.7	17	法国	41	324.5
8	印度尼西亚	118	515.7	18	秘鲁	23	292.5
9	新加坡	99	485.7	19	老挝	54	287.4
10	德国	70	479.9	20	孟加拉国	60	285.5

资料来源：CGIT 数据库。

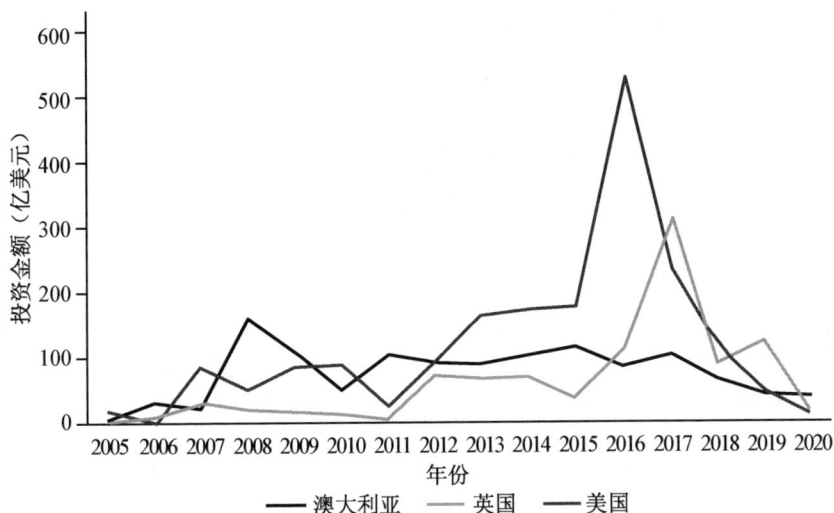

图 2-7 中国对美、英、澳大型投资金额变化趋势(2005—2020,亿美元)

资料来源:CGIT 数据库。

经济"逆全球化"思潮对中国的投资推进产生不利影响。当然,从 2020 年开始的新冠肺炎疫情也给中国对外投资带来很大的不确定性和风险,因而中国对外投资规模快速下降。

表 2-5 显示了中国 2005—2020 年对外大型投资的行业分布情况。从中可以看出,能源类和交通类大型投资项目数几乎占了大型投资项目数的一半,共计 1726 项,占比 48.9%,涉及项目投资金额总计 1.13 万亿美元,占比 53.8%,两个行业的项目金额超过总体金额的一半。其次是对房地产行业和金属行业的投资,项目数分别占 14.0% 和 8.2%,金额总计 3820.9 亿美元,占比 18.3%。图 2-8 反映的是中国企业对外大型投资总额的行业分布情况。从中可以看出,中国企业对能源行业的投资

增长较快，并持续处于高位；交通类投资也持续增长，但2019、2020年快速下降，这可能跟疫情有关。

表 2-5　中国对外大型投资的行业分布情况（2005—2020）

行业类型	数量	数量占比（%）	金额（亿美元）	金额占比（%）
能源	1009	28.6	7484.6	35.7
交通	717	20.3	3798.3	18.1
房地产	495	14.0	1944.5	9.3
金属	288	8.2	1876.4	9.0
其他	174	4.9	637.3	3.0
技术	141	4.0	847.1	4.0
农业	123	3.5	987.2	4.7
金融	105	3.0	831.0	4.0
公共事业	103	2.9	344.7	1.6
旅游	91	2.6	529.5	2.5
娱乐	84	2.4	600.5	2.9
健康	82	2.3	273.1	1.3
化学	63	1.8	358.9	1.7
物流	49	1.4	441.8	2.1
合计	3524	100.0	20954.9	100.0

资料来源：CGIT 数据库。

中国企业在东道国的投资模式主要有两种：绿地投资和跨国并购。[1] 其中，绿地投资是在国外建立新的企业，跨国并购则是兼并国外已经存在的企业。从短期来看，尽管并购方式和

---

[1]　蒋冠宏：《中国企业对"一带一路"沿线国家市场的进入策略》，载《中国工业经济》，2017(9)。

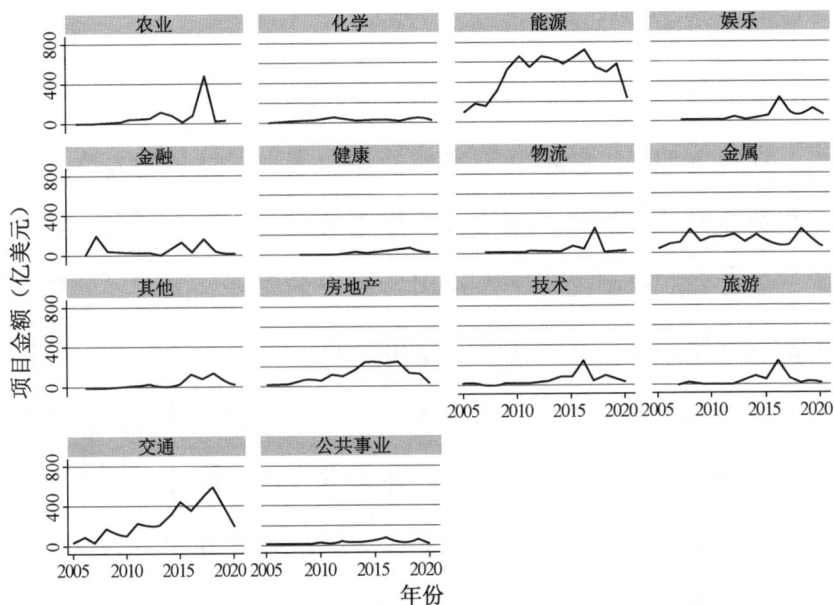

图 2-8 中国企业对外大型投资总额的行业分布(2005—2020)

资料来源：CGIT 数据库。

新建投资方式都为东道国带来国外金融资源，但并购方式所提供的金融资源并不总是增加生产资本存量，而在新建投资的情况下则会增加。并购方式不太可能转移新的或比新建企业更好的技术或技能，而且可能直接导致当地生产经营或研发活动的降级或关闭，而新建企业并不直接减少东道国经济的技术资产和能力。当利用并购方式进入一个国家时，一般不会创造新的就业机会，还可能导致裁员；而新建企业在进入初期一定会创造新的就业岗位。并购方式一般会加强东道国的集中度并带来反竞争的后果；而新建企业会直接增加现有企业数量，并且在进入时不可能直接提高市场集中度。从长期来看,跨国并购常常伴随着外国收购者的后续投资,如果被收购企业的种种关联得以保留或加强,跨国并购就能够创造就业。这两种方式在就业创造方面的差异更多地取决于进入的动机,而不是进入的方式。并购和新建都能带来东道国所缺少的管理、生产和营销等方面的重要的互补性资源。从东道国角度看,需要 FDI 的原因是 FDI 能够在新领域中带来资本(如工业产权),从而有助于当地经济的多样化。总的来说,在并购方式中,现有资产从国内所有者转移至国外所有者手中;而在绿地投资方式中,现实的直接投资资本或效益资本发生了跨国的流动。因此,在东道国,跨国公司所控制的资产至少在理论上是新创造的。

根据 CGIT 数据库,中国企业自 2005 年到 2020 年的 16 年间,共进行绿地投资 547 次,跨国并购 2977 次,涉及金额总数分别是 3212.2 亿美元和 17742.7 亿美元。表 2-6 显示,2020 年中国对外绿地投资超过 1 亿美元的项目有 19 项,金额 86.8 亿美元;跨国并购 127 次,涉及金额 555.2 亿美元,总体来看,跨国并购多于绿地投资。从中国大型投资的金额和次数占比来看,跨国并购持续维持在 80% 左右,无论是次数还是金额都远高于绿地投资。

图 2-9 显示了 2005—2020 年中国对外投资的绿地投资与跨国并购次数变化趋势。从中可以看出,中国对外大型绿地投资

和跨国并购次数都经历了先快速增长后有所下降的过程,并且跨国并购的次数持续高于绿地投资次数。随着经济全球化的不断发展,绿地投资在FDI中所占比例有所下降。跨国并购已成为跨国公司参与世界经济一体化进程、保持有利竞争地位而更乐于采用的一种跨国直接投资方式。随着全球投资自由化的进一步发展,这种趋势将更加明显地体现出来。

表 2-6 中国对外大型绿地投资与跨国并购的次数与金额(2005—2020)

年份	绿地投资				跨国并购			
	金额(亿美元)	金额占比(%)	次数	次数占比(%)	金额(亿美元)	金额占比(%)	次数	次数占比(%)
2005	21.8	11.4	6	17.1	169.9	88.6	29	82.9
2006	65.8	15.8	8	16.0	350.5	84.2	42	84.0
2007	71.5	13.2	9	12.0	471.1	86.8	66	88.0
2008	161.9	18.5	17	16.5	715.2	81.5	86	83.5
2009	143.8	15.4	17	12.4	788.2	84.6	120	87.6
2010	158.0	13.9	26	14.4	979.3	86.1	154	85.6
2011	248.9	20.3	41	18.8	975.5	79.7	177	81.2
2012	195.5	14.2	38	16.5	1179.0	85.8	192	83.5
2013	227.0	16.2	41	16.3	1178.4	83.8	211	83.7
2014	387.1	22.9	50	16.7	1304.5	77.1	249	83.3
2015	328.1	16.8	63	18.4	1629.4	83.2	279	81.6
2016	165.2	6.7	47	10.9	2310.8	93.3	383	89.1
2017	177.1	6.9	44	12.3	2379.2	93.1	315	87.7
2018	419.9	21.9	65	18.4	1495.2	78.1	289	81.6
2019	353.8	21.9	56	17.8	1261.3	78.1	258	82.2
2020	86.8	13.5	19	13.0	555.2	86.5	127	87.0

资料来源:CGIT 数据库。

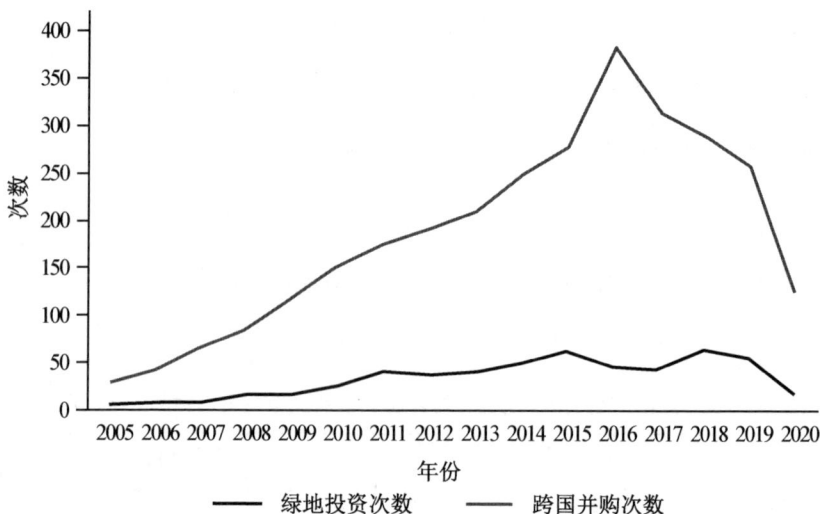

图 2-9　中国对外投资的绿地投资与跨国并购次数变化趋势(2005—2020)

资料来源：CGIT 数据库。

(二)"一带一路"投资项目总体分析

2020 年是新冠肺炎疫情全球大流行的第一年，然而这一年中国对共建"一带一路"国家的大型项目投资没有停歇。根据 CGIT 数据库，2020 年中国企业对外直接投资超过 1 亿美元的国家有 64 个，共投资 146 个大型项目，其中 47 个为共建"一带一路"国家，共有 104 次的投资金额超过 1 亿美元(详见附表 2-2)，总计大型项目投资额达 469.8 亿美元，占当年中国对外大型项目投资总额 642 亿美元的 73.18%，这意味着当年有接近四分之三的大型项目都投到了共建"一带一路"国家。表 2-7 显示了 2020 年中国对这 47 个共建"一带一路"国家超过 1 亿美元投资的

表2-7　2020年中国对共建"一带一路"国家大型项目的投资金额(亿美元)

国家	投资金额	国家	投资金额	国家	投资金额	国家	投资金额
越南	41.7	菲律宾	14.5	波兰	6.3	卢旺达	2.1
印度尼西亚	37.5	阿联酋	14.0	津巴布韦	6.3	伊拉克	2.0
巴基斯坦	32.9	老挝	13.4	刚果(金)	5.5	乌干达	1.5
智利	30.3	尼日利亚	12.1	波黑	4.5	马来西亚	1.4
新加坡	23.2	阿曼	11.3	阿根廷	4.3	新西兰	1.3
俄罗斯	18.8	匈牙利	10.4	哈萨克斯坦	3.2	埃塞俄比亚	1.3
塞尔维亚	16.9	加纳	10.4	埃及	2.9	阿尔及利亚	1.2
沙特阿拉伯	16.5	斯里兰卡	9.7	科威特	2.8	巴拿马	1.1
赞比亚	16.5	秘鲁	9.0	缅甸	2.8	尼日尔	1.1
泰国	16.4	韩国	7.6	乌克兰	2.4	纳米比亚	1.0
柬埔寨	15.8	卡塔尔	7.5	圭亚那	2.4	坦桑尼亚	1.0
孟加拉国	15.5	几内亚	7.3	乌兹别克斯坦	2.2		

数据来源:CGIT数据库。

国别及金额信息。从中可以看出，2020年中国对越南的投资金额最多，达到41.7亿美元；其次是对印度尼西亚、巴基斯坦和智利的投资，也都超过了30亿美元；对坦桑尼亚、纳米比亚的投资正好达到1亿美元；中国对尼日尔、巴拿马、阿尔及利亚的投资略高于1亿美元。从总体上来看，这47个共建"一带一路"国家中吸引中国大型投资项目的金额超过10亿美元的有19个国家，投资额相对较大；从地域分布来看，主要是亚洲国家，如越南、印度尼西亚、巴基斯坦、新加坡等国家。投资金额高于1亿美元但低于2亿美元的国家主要是非洲国家，如坦桑尼亚、纳米比亚、尼日尔、埃塞俄比亚、乌干达等国家。

从中国投资企业来看，2020年共有44个中国企业（公司）对共建"一带一路"国家进行了超过1亿美元的大型投资。表2-8表明，投资规模最大也是项目数量最多的，是中国电力建设集团有限公司（中国电建），17个项目涉及16个共建国家，包括巴基斯坦、加纳、印度尼西亚、津巴布韦、赞比亚、波兰、卡塔尔、沙特阿拉伯、阿曼、新加坡、越南、阿联酋、卢旺达、柬埔寨、孟加拉国、乌兹别克斯坦，其中对巴基斯坦的水电项目投资规模达到19.3亿美元。投资规模仅次于中国电建的是中国能源工程集团有限公司，其在2020年与越南、巴基斯坦、埃及、缅甸、乌克兰、波黑、印度尼西亚、尼日尔、巴拿马等共建"一带一路"国家签订了11个大型项目的投资协议，涉及金额49.1亿

表 2-8 2020 年对共建"一带一路"国家投资大型项目的企业及投资总金额等

投资规模排名	中国企业	投资项目数	总金额（亿美元）	投资规模排名	中国企业	投资项目数	总金额（亿美元）
1	中国电建	17	83	12	紫金矿业	2	10.4
2	中国能源工程集团有限公司	11	49.1	13	五矿集团	2	8.7
3	中国铁建	8	33.6	14	中石油	3	8.6
4	中国中铁	5	30.9	15	中国有色集团	2	8.4
5	国家电网	1	30.3	16	中远	1	7.8
6	中国化学工程集团	5	24.4	17	杉杉科技	1	7.6
7	中国建筑	6	20.3	18	普洛斯	1	7.5
8	中交建	7	19.8	19	山东昊华轮胎	2	7.5
9	中石化	2	14.0	20	长城汽车	2	7.4
10	南方电网	1	12.0	21	中钢集团	1	6.7
11	山东高速	2	10.4	22	阿里巴巴集团	1	6.0
23	中国钼业	1	5.5	34	上海电气	1	1.8
24	浙江力勤投资有限公司	1	5.3	35	福建省于源投资发展有限公司	1	1.4

续表

投资规模排名	中国企业	投资项目数	总金额（亿美元）	投资规模排名	中国企业	投资项目数	总金额（亿美元）
25	中国铝业	1	5.2	36	中国光大银行	1	1.4
26	枫叶教育	1	4.9	37	安徽中鼎集团	1	1.3
27	山东黄金	1	4.3	38	重庆对外经贸（集团）有限公司	1	1.3
28	中国大唐集团	1	3.9	39	中国中车	1	1.2
29	湖南建工集团	1	3.2	40	中船集团	1	1.2
30	晶澳太阳能	1	3.2	41	赤峰黄金	1	1.1
31	北京城建	1	2.6	42	西部水泥	1	1.0
32	国机集团	1	2.2	43	中国建材集团	1	1.0
33	华为	1	1.9				

资料来源：CGIT 数据库。

美元，其中对越南的煤炭行业投资金额最高，达到 14 亿美元；其次是对巴基斯坦的水电项目投资，金额为 12.3 亿美元。2020 年对共建国家投资总规模超过 20 亿美元的还有中国铁建股份有限公司（中国铁建）、中国铁路工程集团有限公司（中国中铁）、国家电网有限公司（国家电网）、中国化学工程集团有限公司、中国建筑集团有限公司（中国建筑）。

从 2020 年中国对共建"一带一路"国家投资的行业分布（图 2-10）来看，大型项目投资主要流向了能源和交通基础设施领域，

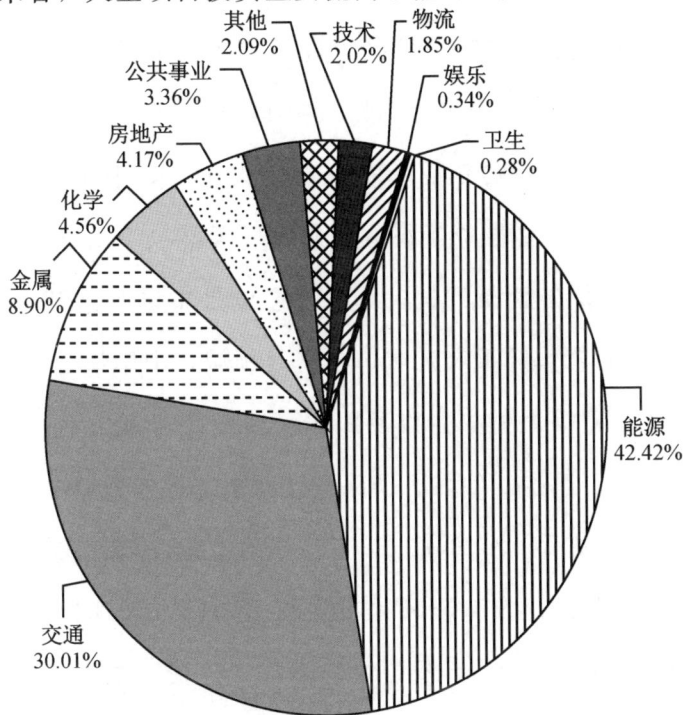

图 2-10　中国对共建"一带一路"国家大型投资的行业分布（2020）

资料来源：CGIT 数据库。

占比分别为 42.42％ 和 30.01％，共占比 72.43％，超过七成的大型投资都在这两个基础设施领域，这与"一带一路"建设重点是一致的。金属行业的投资占比也较高，达到了 8.90％，涉及对铝、铜等金属的开采与投资生产项目；化学和房地产两个行业的投资占比相差不多，分别为 4.56％ 和 4.17％。

下面我们详细分析中国对共建"一带一路"国家的交通和能源投资项目情况。表 2-9 显示了 2020 年中国对共建"一带一路"国家在能源和交通领域大型投资的一些信息。2020 年共有 13 家中国企业对共建"一带一路"国家进行了超过 1 亿美元的能源投资，14 家企业投资共建"一带一路"国家的交通领域。我们发现，投资能源领域的企业基本上都是央企，如中国大唐集团、中国电建等，主要投资于煤炭、水电、天然气、石油行业，比较集中地投资在亚洲、非洲地区，这也是中国与共建"一带一路"国家能源合作的重点区域。在交通领域，中国铁建、中国中铁、中国交建等大型央企以及山东高速集团等地方企业，主要投资于汽车、航空、船舶、铁路等交通基础设施领域。

图 2-11 显示，2016—2020 年中国对共建"一带一路"国家的大型投资，无论是在金额还是在次数上，都未表现出显著上升的态势，甚至从 2019 年开始快速下降。投资次数在 2016 年为 238 次，2017 年降到 236 次，后续不断下降，2018 年为 234 次，2019 年为 229 次，2020 年下降幅度最大，仅为 106 次。在投资

表 2-9　中国企业对共建"一带一路"国家的能源和交通投资情况（2020）

能源领域投资项目				交通领域投资项目			
中国企业	投资的国家	投资额（亿美元）	投资时间	中国企业	投资的国家	投资额（亿美元）	投资时间
中国大唐集团	印度尼西亚	3.9	2020 年 12 月	中国中车	阿联酋	1.2	2020 年 7 月
	孟加拉国	1.3	2020 年 3 月	北京城建	孟加拉国	2.6	2020 年 3 月
	加纳	9.3	2020 年 4 月	中国电建	波兰	5.3	2020 年 8 月
	印度尼西亚	7.8	2020 年 2 月		阿联酋	2.3	2020 年 2 月
中国电建	阿曼	4.0	2020 年 9 月	中国建筑	哈萨克斯坦	3.2	2020 年 12 月
	巴基斯坦	19.3	2020 年 6 月	山东高速	菲律宾	12.6	2020 年 9 月
	卡塔尔	4.6	2020 年 2 月		塞尔维亚	1.8	2020 年 6 月
	卢旺达	2.1	2020 年 5 月	山东昊华轮胎	孟加拉国	8.6	2020 年 2 月
	乌兹别克斯坦	1.2	2020 年 12 月	五矿集团	斯里兰卡	4.5	2020 年 5 月
	越南	3.1	2020 年 3 月		斯里兰卡	3.0	2020 年 11 月
	越南	1.8	2020 年 9 月	长城汽车	柬埔寨	4.1	2020 年 11 月
中国电建	赞比亚	5.5	2020 年 5 月		俄罗斯	5.4	2020 年 9 月
	津巴布韦	6.3	2020 年 3 月		泰国	2.0	2020 年 2 月
国家电网	智利	30.3	2020 年 11 月	中船集团	孟加拉国	1.2	2020 年 7 月

续表

能源领域投资项目

中国企业	投资的国家	投资额（亿美元）	投资时间
晶澳太阳能	越南	3.2	2020年11月
上海电气	孟加拉国	1.8	2020年6月
五矿集团	越南	4.6	2020年12月
中钢集团	柬埔寨	6.7	2020年11月
国机集团	斯里兰卡	2.2	2020年6月
中国建材集团	波兰	1.0	2020年2月
南方电网	老挝	12.0	2020年9月
	波黑	2.2	2020年5月
	波黑	1.2	2020年6月
	埃及	2.9	2020年1月
	尼日尔	1.1	2020年9月
中国能源工程集团有限公司	巴基斯坦	12.3	2020年7月
	巴拿马	1.1	2020年5月
	乌克兰	2.4	2020年3月
	越南	7.5	2020年1月
	越南	14.0	2020年5月

交通领域投资项目

中国企业	投资的国家	投资额（亿美元）	投资时间
中交建	柬埔寨	1.9	2020年3月
	新西兰	1.3	2020年9月
	尼日利亚	2.2	2020年3月
	泰国	2.8	2020年9月
	塞尔维亚	7.1	2020年10月
中国铁建	尼日利亚	9.9	2020年2月
	泰国	7.4	2020年2月
	乌干达	1.5	2020年12月
	乌兹别克斯坦	1.0	2020年4月
	赞比亚	8.3	2020年3月
中国中铁	坦桑尼亚	1.0	2020年7月
	匈牙利	10.4	2020年4月
	印度尼西亚	13.7	2020年5月
	老挝	1.4	2020年5月
中远	泰国	4.2	2020年10月
	秘鲁	7.8	2020年4月

续表

能源领域投资项目

中国企业	投资的国家	投资额（亿美元）	投资时间
中石化	科威特	1.8	2020年8月
	沙特阿拉伯	12.2	2020年8月
中石油	伊拉克	2.0	2020年3月
	阿联酋	1.4	2020年9月
	阿联酋	5.2	2020年11月

交通领域投资项目

中国企业	投资的国家	投资额（亿美元）	投资时间
重庆对外经贸（集团）有限公司	埃塞俄比亚	1.3	2020年8月

资料来源：CGIT数据库。

金额方面，2016 年为 1118.3 亿美元，2017 年为 1126.6 亿美元，2018 年上升最快，为 1206.1 亿美元，但 2019 年减少到了 1033.6 亿美元，2020 年更是降到了只有 475.2 亿美元。

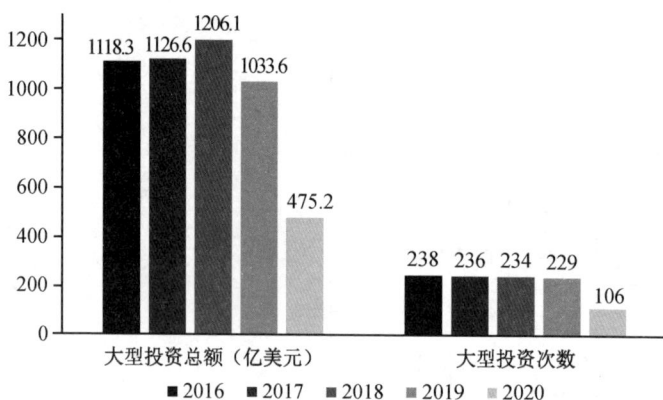

图 2-11　2016—2020 年中国对共建"一带一路"国家大型投资次数与金额
资料来源：CGIT 数据库。

　　从中国对外整体的大型投资来看，表 2-10 显示，中国对外大型投资次数从 2016 年开始下降，从 430 次下降到 2020 年的 146 次，投资金额先从 2016 年的 2476 亿美元上升到 2017 年的 2556.3 亿美元，然后快速下降，到 2020 年仅为 642 亿美元。计算其中"一带一路"投资占比情况，从图 2-12 可以看出虽然投资金额和投资次数都经历了下降过程，但是中国对共建"一带一路"国家的大型投资在中国对外大型投资中的占比，无论是金额占比还是次数占比都在快速上涨，其中次数占比从 2016 年的 55.3％，上涨到 2020 年的 72.6％，投资金额占比从 2016 年的

表 2-10 2016—2020 年中国对外大型投资及"一带一路"投资分布

年份	总体投资次数	"一带一路"投资次数	"一带一路"投资次数占总体投资次数比重（%）	总体投资金额（亿美元）	"一带一路"投资金额（亿美元）	"一带一路"投资金额占总体投资金额比重（%）
2016	430	238	55.3	2476.0	1118.3	45.2
2017	359	236	65.7	2556.3	1126.6	44.1
2018	354	234	66.1	1915.1	1206.1	63.0
2019	314	229	72.9	1615.1	1033.6	64.0
2020	146	106	72.6	642.0	475.2	74.0

资料来源：基于 CGIT 数据库。

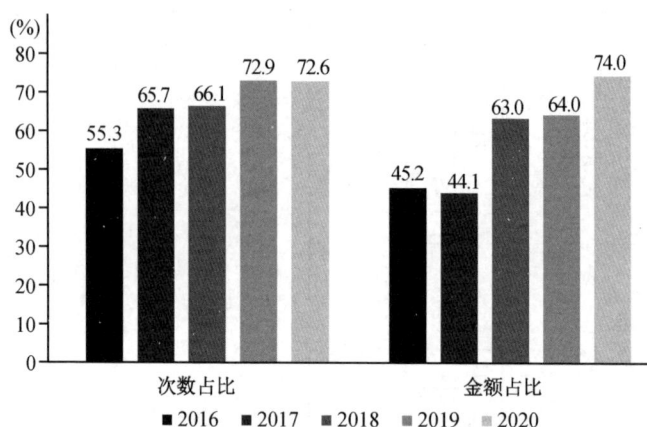

图 2-12　2016—2020 年"一带一路"大型投资次数
和金额占中国对外总体大型投资的比重

资料来源：CGIT 数据库。

45.2％上涨到 2020 年的 74％。这呈现出一个良好的势头，即在
经济全球化遭遇逆流的情况下，中国大型投资总体规模虽然有
所下降，但投资逐渐向共建"一带一路"国家转移和集中。

表 2-11 显示了"一带一路"大型投资所在行业的金额与投资
次数分布情况。从中可以看出，能源无论是在次数还是在金额
方面都居 14 个行业之首，其次是交通、房地产和金属领域。总
体来看，2016—2020 年，中国对共建"一带一路"国家的大型投
资在能源领域投入 338 次，涉及金额 1915.4 亿美元；在交通领
域共投资 257 次，涉及金额 1266.7 亿美元。不过从年度变化来
看，无论是能源还是交通抑或是其他行业，都呈现出投资金额
和投资次数上的缩减，与总体趋势比较一致。

表 2-11　2016—2020 年"一带一路"大型投资所在行业的金额与次数统计

行业	年份	金额（亿美元）	次数	行业	年份	金额（亿美元）	次数
农业	2016	34.1	8	金属	2016	54.8	12
	2017	12.7	4		2017	62.1	10
	2018	9.3	2		2018	178.0	25
	2019	15.5	6		2019	75.4	18
	2020	0.0	0		2020	41.8	10
化学	2016	15.6	6	房地产	2016	83.6	33
	2017	16.3	2		2017	139.9	46
	2018	13.8	4		2018	106.8	32
	2019	37.0	5		2019	103.5	31
	2020	21.4	4		2020	19.6	8
能源	2016	500.9	88	技术	2016	14.9	4
	2017	407.7	73		2017	14.4	5
	2018	395.9	74		2018	21.5	6
	2019	411.6	68		2019	31.3	8
	2020	199.3	35		2020	9.5	2
娱乐	2016	8.1	3	旅游	2016	25.9	5
	2017	17.4	3		2017	7.5	3
	2018	6.4	2		2018	2.1	1
	2019	12.8	2		2019	3.9	2
	2020	1.6	1		2020	0.0	0
金融	2016	15.4	4	交通	2016	244.5	47
	2017	23.0	4		2017	238.9	60
	2018	6.9	3		2018	365.3	53
	2019	1.1	1		2019	271.6	64
	2020	0.0	0		2020	146.4	33
健康	2016	7.3	3	公共事业	2016	50.1	13
	2017	3.6	1		2017	26.8	8
	2018	4.7	2		2018	17.9	8
	2019	2.6	2		2019	38.9	11
	2020	1.3	1		2020	15.8	5

续表

行业	年份	金额 (亿美元)	次数	行业	年份	金额 (亿美元)	次数
物流	2016	34.4	4	其他	2016	28.7	8
	2017	100.9	2		2017	55.4	15
	2018	7.6	3		2018	69.9	19
	2019	2.3	1		2019	26.1	10
	2020	8.7	2		2020	9.8	5

资料来源：CGIT 数据库。

　　进一步分析中国对共建"一带一路"国家投资细分行业在中国总体大型投资对应行业中的占比情况，表 2-12 显示比重在持续上升，尤其是中国对共建"一带一路"国家在交通、化学、能源、公共事业等行业的投资占中国在对应行业投资总体的比重上升幅度较大。"一带一路"能源领域投资金额占比从 2016 年的 70.03% 提高到 2020 年的 94.5%，而金属领域投资金额占比基本维持在较高水平，2016 年占比 90.58%，虽然之后的几年有一定幅度的下降，但是 2020 年上升到 94.36%。2016 年房地产领域投资金额占比 36.05%，2020 年达到 63.84%。交通领域投资金额占比从 2016 年的 70.73% 上升到 2020 年的 83.51%。

表 2-12　各主要行业的"一带一路"投资占对应行业中国总体投资的
次数与金额比重

行业	年份	金额占比 (%)	次数占比 (%)	行业	年份	金额占比 (%)	次数占比 (%)
房地产	2016	36.05	45.83	金融	2016	50.00	44.44
	2017	55.56	77.97		2017	14.38	33.33
	2018	76.12	76.19		2018	15.68	37.50
	2019	80.11	77.50		2019	5.85	20.00
	2020	63.84	72.73		2020	0.00	0.00

续表

行业	年份	金额占比（%）	次数占比（%）	行业	年份	金额占比（%）	次数占比（%）
公共事业	2016	73.68	86.67	娱乐	2016	3.60	14.29
	2017	87.01	80.00		2017	27.84	27.27
	2018	81.74	80.00		2018	13.31	20.00
	2019	79.88	84.62		2019	11.78	22.22
	2020	100.00	100.00		2020	3.79	20.00
化学	2016	44.32	66.67	旅游	2016	11.22	27.78
	2017	100.00	100.00		2017	13.18	23.08
	2018	31.94	50.00		2018	27.27	50.00
	2019	77.89	62.50		2019	14.66	33.33
	2020	100.00	100.00		2020	0.00	0.00
技术	2016	6.17	19.05	能源	2016	70.03	75.86
	2017	41.26	45.45		2017	76.31	81.11
	2018	22.70	42.86		2018	82.21	81.32
	2019	51.48	53.33		2019	72.30	87.18
	2020	34.30	33.33		2020	94.50	92.11
健康	2016	19.31	23.08	农业	2016	41.08	44.44
	2017	6.17	6.25		2017	2.67	36.36
	2018	7.42	13.33		2018	36.61	25.00
	2019	10.70	50.00		2019	52.01	75.00
	2020	10.66	16.67		2020	0.00	0.00
交通	2016	70.73	64.38	其他	2016	21.32	32.00
	2017	50.17	75.00		2017	62.74	53.57
	2018	63.69	71.62		2018	47.68	50.00
	2019	75.47	82.05		2019	39.19	47.62
	2020	83.51	80.49		2020	40.33	62.50

行业	年份	金额占比（%）	次数占比（%）	行业	年份	金额占比（%）	次数占比（%）
物流	2016	96.09	80.00	金属	2016	90.58	80.00
	2017	41.49	50.00		2017	93.10	83.33
	2018	88.37	75.00		2018	82.37	83.33
	2019	20.91	50.00		2019	66.20	66.67
	2020	43.72	66.67		2020	94.36	83.33

资料来源：CGIT 数据库。

结合图 2-13 可以看出，金融领域"一带一路"投资占比快速下降，从 2016 年的 50% 下降到 2020 年的 0，下降幅度最大，物流行业占比下降幅度也较大。下面我们分析金融领域投资情况，2016—2020 年，中国对金融领域大型投资主要涉及的国家有 21 个，其中共建"一带一路"国家有 11 个，从金额占比来看，对共建国家投资总计 46.4 亿美元，共 12 次，分别在 2016 年投资 4 次，2017 年投资 4 次，2018 年投资 3 次，2019 年投资 1 次。对美国、英国、德国、瑞士、澳大利亚等非共建国家投资总计 221.6 亿美元，其中 2017 年投资金额最高，达到 136.9 亿美元。2016—2020 年共计投资 27 次，从 2016 年到 2020 年分别是 5、8、5、4、5 次。

从 2016—2020 年"一带一路"大型投资的国别分布来看（附表 2-3），这 5 年中国共对 104 个共建国家进行了大型投资。表 2-13 给出了 2016—2020 年"一带一路"大型投资金额排名前 20 位的国别分布情况，其中对新加坡投资金额最高，总计

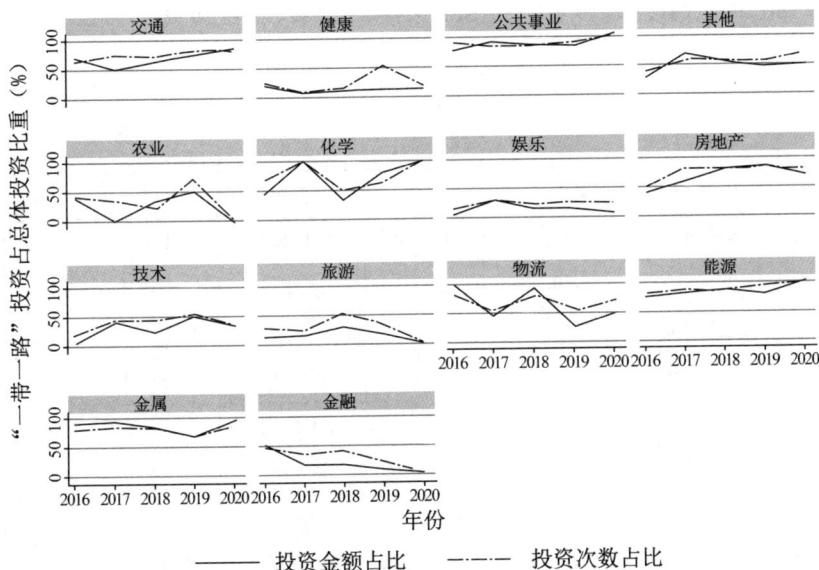

图 2-13 各主要行业的"一带一路"投资占总体投资比重变化趋势(2016—2020)

资料来源:CGIT 数据库。

306.8 亿美元,共进行了 61 次超过 1 亿美元的投资。其次是阿联酋,中国对其投资 48 次,涉及金额 256.7 亿美元,对巴基斯坦、印度尼西亚、尼日利亚、孟加拉国、俄罗斯的投资总额也都超过 200 亿美元,大型投资频率较高。从动态变化来看,中国对智利的投资变化最快,从 2016 年的 3.5 亿美元,增加到 2020 年的 30.3 亿美元,2018 年甚至达到 64.4 亿美元,合作关系日益紧密。对越南也是从 2016 年的 15 亿美元增加到 2020 年的 41.7 亿美元,增长幅度较大。

表 2-13 2016—2020 年"一带一路"大型投资金额排名前 20 位的国别分布

排名	国家	投资金额（亿美元）	投资次数	排名	国家	投资金额（亿美元）	投资次数
1	新加坡	306.8	61	11	智利	121.5	9
2	阿联酋	256.7	48	12	埃及	121.5	13
3	巴基斯坦	256.1	36	13	秘鲁	110.8	12
4	印度尼西亚	239.4	53	14	柬埔寨	108.5	25
5	尼日利亚	209.1	25	15	伊朗	103.7	12
6	孟加拉国	207.8	39	16	塞尔维亚	86.3	21
7	俄罗斯	203.3	26	17	菲律宾	86.2	19
8	老挝	164.6	23	18	阿根廷	84.6	18
9	马来西亚	157.7	42	19	越南	80.3	21
10	沙特阿拉伯	150.2	28	20	刚果（金）	76.2	13

资料来源：CGIT 数据库。

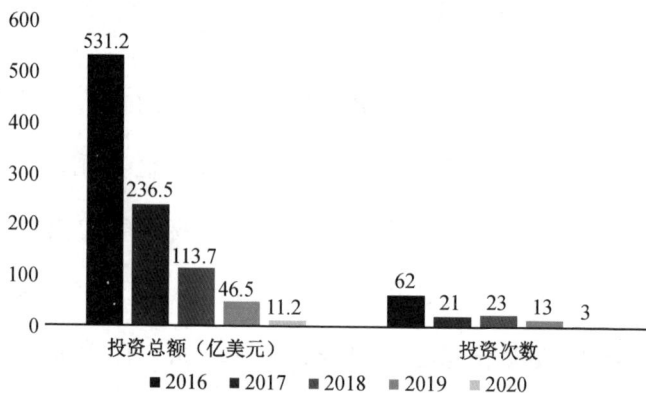

图 2-14 中国对美国的大型投资金额与次数（2016—2020）

资料来源：CGIT 数据库。

相比来看，中国对非共建"一带一路"国家的投资规模有所降低，比如对美国的投资。图 2-14 显示，中国对美国大型投资次数从 2016 年的 62 次锐减至 2020 年的 3 次，投资金额从 2016 年的 531.2 亿美元大幅减少到 2020 年的 11.2 亿美元。这与近几年中美贸易摩擦以及中美关系恶化有着直接关系。中国企业被列入美国商务部出口管制实体清单，他们与美国企业的合作突然被切断。美国外国投资委员会(CFIUS)打着国家安全的旗号，试图对中国资本关闭系列行业，或者对已经达成的交易发起事后调查。在此背景下，中国正在寻找非洲等其他投资市场。

从行业变化来看，中美贸易战、科技战直接严重地损害了中美贸易企业和科技企业之间的合作。由于美国对中国企业的打压给中国企业的未来发展带来了很大的不确定性，因此中国对美国的投资下降幅度远大于对其他国家投资的下降幅度。根据 CGIT 数据库，技术、房地产和健康领域的投资下降幅度最大，2016 年中国对美国在这三个行业的大型投资总金额为 195.5 亿美元，之后快速下降，到 2017 年降到 58.5 亿美元，减少了 137 亿美元。此后更是持续下跌，到 2020 年只有 1.4 亿美元，达到近 10 年最低值。

图 2-15 显示，中国对美国技术领域的大型投资从 2016 年开始大幅下降。2016 年中国对美国技术领域的大型投资为 106.9 亿美元，投资 7 次，后快速下降，到 2017 年降到 5.4 亿美元，仅一次投资。美国对华为的极力打压，促使中国在本国范围内努力构建一个完整的家用半导体供应链，尤其是重视芯

片的设计与制造。当前世界芯片稀缺进一步刺激了主要经济体建立自己的芯片供应链,并尽量在本国实现半导体制造。在美国于 2018 年对中国进口商品征收第一波惩罚性关税后,一些美国企业开始在中国之外布局建设新的区域研发中心,如一些美国科技巨头要求供应商在中国境外建设新的研发中心。

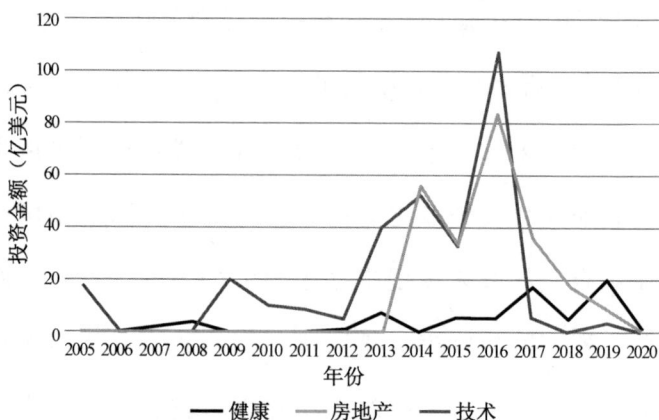

图 2-15 中国对美国在技术、健康和房地产行业的大型投资金额
变化情况(2005—2020)

资料来源:CGIT 数据库。

(三)"一带一路"大型投资项目典型案例

根据 CGIT 数据库,2020 年中国对共建"一带一路"国家单次在 1 亿美元以上的大型投资,共计 104 次。表 2-14 列出了投资规模超过 10 亿美元的 9 个项目,最高规模为 30.3 亿美元,是 2020 年 11 月国家电网向智利投资的能源类项目。总体来看,

超过 10 亿美元的项目都在能源和交通领域。投资的共建国家包括智利、巴基斯坦、越南、印度尼西亚、菲律宾、沙特阿拉伯、老挝、匈牙利，主要是亚洲国家。

表 2-14　2020 年中国对共建"一带一路"国家投资金额
超过 10 亿美元的项目信息

项目序号	投资企业	投资金额（亿美元）	投资行业	投资国家	投资日期	项目信息
1	国家电网	30.3	能源	智利	2020 年 11 月	以 96.04% 的股权收购智利第一大配电公司 CGE
2	中国电建	19.3	能源	巴基斯坦	2020 年 6 月	巴基斯坦巴沙大坝（土建标）及 Tangir 水电站项目
3	中国能建	14.0	能源	越南	2020 年 5 月	海阳 2×60 万千瓦燃煤电厂项目
4	中国中铁	13.7	交通	印度尼西亚	2020 年 5 月	雅万高铁（雅加达至万隆高速铁路）道岔供应项目
5	中国建筑	12.1	交通	菲律宾	2020 年 9 月	菲律宾马卡蒂地铁大交通项目 EPC 总承包
6	中国能建	12.3	能源	巴基斯坦	2020 年 7 月	阿扎德帕坦水电站项目特许经营权
7	中石化	12.2	能源	沙特阿拉伯	2020 年 8 月	*
8	南方电网	12.0	能源	老挝	2020 年 9 月	组建老挝国家输电网公司
9	中国铁建	10.4	交通	匈牙利	2020 年 5 月	匈塞铁路匈牙利段项目 EPC 主承包

资料来源：CGIT 数据库。

注：CGIT 数据库统计了这一项投资，但是编者多方面查询信息及公司年报，均未查到这一项目，因此此处未填写项目具体信息。

项目一：国家电网收购智利第一大配电公司 CGE

智利是世界上第一大铜生产国，将中国视为最重要的贸易伙伴。智利政治经济稳定，法律制度健全，主权信用评级高，是国家电网重要的海外投资市场。2020 年 11 月，智利 CGE 公司的母公司西班牙能源集团（Naturgy）同意以 30.3 亿美元的价格将智利 CGE 公司的 96.04％股权出售给中国国家电网有限公司。2020 年 11 月 13 日，国家电网与西班牙能源集团通过线上视频形式签署了股权购买协议，收购其持有的智利 CGE 公司 96.04％股权。2021 年 3 月，智利竞争监管机构批准中国国家电网国际发展公司对智利第一大配电公司 CGE 的 30.3 亿美元收购。智利国家经济检察院（FNE）在一份声明中称，已无条件批准该交易，该交易不会对电力行业的竞争产生实质性影响。CGE 公司是智利第一大配电公司和第二大输电公司，拥有输电线路 3500 千米，配电线路 64738 千米，配电用户 300 万户。中智互为全面战略伙伴，两国关系始终保持稳定发展，本次收购是中国公司服务"一带一路"建设取得的又一硕果，对于优化公司境外资产组合，发挥智利资产间协同效应，增强中国公司在南美地区影响具有积极促进作用。

项目二：巴基斯坦巴沙大坝和 Tangir 水电站

2020 年 6 月，中国电建与巴基斯坦边境工程组织按照 70％、30％的比例组成联营体，与巴基斯坦巴沙开发公司签订了巴基斯坦巴沙大坝(土建标)及 Tangir 水电站项目合同。合同金额约为 27.52 亿美元，折合人民币约为 195.056 亿元，其中中国电建占有 70%份额，即 19.26 亿美元，折合人民币约为 136.54 亿元。该项目位于巴基斯坦吉尔吉特-巴勒斯坦地区，工作内容为碾压混凝土重力坝、左右岸冲沙洞、左右岸引水隧洞、左右岸地下厂房、左岸开关站、场内道路和用于施工供电的 Tangir 水电站(装机 2.1 万千瓦)等的建设施工。项目总工期为 103 个月。

项目三：越南海阳发电厂

海阳 2×60 万千瓦燃煤电厂项目是中国能建为落实"一带一路"倡议、彰显全产业链优势而在越南投资的大型火电项目。越南海阳发电厂位于越南海阳省，建设规模为两台 60 万千瓦亚临界机组，由中国能建所属中国电力工程顾问集团有限公司和马来西亚捷硕公司联合出资(项目资本金占总投资的 25%，中电工程占比 75%)。项目融资占总投资的 75%，由中电工程向中国进出口银行、中国工商银行、中国建设银行申请贷款，总投资达 18.685 亿美元，中电工程投资 14 亿美元，是迄今为止中国企业在越南单笔投资金额最大的项目。该项目由中国能建投资建设、西南院和国际公司总承包、安徽电建一公司和安徽电建二公司承建、科技发展公司调试运维，包括 2 台 60 万千瓦亚临界发电机组，采用"一机两炉"模式，配置 4 台 30 万千瓦循环流化床锅炉，全部建成后，预计年发电量 80 亿千瓦时，将有效带动越南电力产业升级，助力当地经济发展。2020 年 7 月由中国能建投资建设的越南海阳 2×60 万千瓦燃煤电厂项目 11 号锅炉点火成功，标志着该项目 1 号机组进入整套试运行阶段，为完成 1 号机组 336 小时试运及商业运行奠定了坚实基础。

项目四：印度尼西亚雅万高铁道岔供应项目

2020 年 5 月，中国铁路物资集团有限公司成功中标雅万高铁（印度尼西亚雅加达至万隆高速铁路）道岔供应项目。据悉，这是这家中企首次为海外铁路项目提供道岔全品类物资供应链集成服务。中国和印度尼西亚合作的雅万高铁项目是中国高铁走出国门的第一单，该项目建设所需基建物资和设备等均代表我国铁路产业的最高水平。此次合作的总金额高达 21 亿美元（约合人民币 148 亿元），中国铁路物资集团投资 13.7 亿美元。2021 年 9 月 20 日，由中铁物资集团向雅（加达）万（隆）高铁出口供应的最后一批 6600 吨钢轨运抵印度尼西亚芝拉扎港，标志着中国高铁整体出口"第一单"完成了全部长钢轨的出口运输。

项目五：菲律宾马卡蒂地铁

2020 年 9 月，菲律宾马卡蒂地铁大交通 EPC 项目由中建二局成功签约，合同金额为 12.13 亿美元，折合人民币约 85 亿元。项目位于菲律宾马卡蒂市，项目建设内容为整条地铁线施工，全长 7.69 千米，设 7 个站点及 1 个车辆基地和 1 个控制中心。该项目是菲律宾首条地铁项目，也是 2020 年中国国际服务贸易交易会重点签约项目，采用中国标准、中国设计、中国施工、中国设备、中国技术、中国运营，是中国建筑参与马卡蒂城市建设，贡献中国力量的重大项目。项目建成后，将极大改善马卡蒂交通环境，拓展城市发展空间，促进经济发展，提升城市影响力。

项目六：巴基斯坦阿扎德帕坦水电站

2020 年 7 月 6 日，中国能建葛洲坝集团与巴基斯坦政府有关部门签署了阿扎德帕坦水电站项目特许经营权协议。作为中巴经济走廊的重要大型清洁能源项目，阿扎德帕坦水电站的建设将为巴基斯坦经济发展注入新的动力。阿扎德帕坦水电站项目位于巴基斯坦克什米尔地区和旁遮普省交界的杰鲁姆河干流上，距离伊斯兰堡约 90 千米。项目以 BOOT 模式开发，总装机 70 万千瓦，多年年平均发电量 32.65 亿千瓦时，总投资约 15.4 亿美元。项目建设期将为当地民众至少创造 3000 个就业岗位，并带动当地多个上下游产业发展，中方融资 80%，共计 12.3 亿美元。项目完工投运后将进一步缓解当地供水紧张局面，持续改善当地人民生活水平。作为中巴经济走廊建设的重要力量，葛洲坝集团承建了包括巴基斯坦尼鲁姆杰勒姆水电站、达苏水电站、SK 水电站、莫赫曼德水电站等多个对巴基斯坦国家发展具有重要意义的战略项目。

项目七：老挝国家输电网建设

2020年9月1日，中国南方电网公司与老挝国家电力公司在老挝万象签署共同出资组建老挝国家输电网公司股东协议。这标志着中老两国在输电网领域开展互利共赢合作迈出实质性步伐。根据协议，老挝国家输电网公司将在老挝政府监管下，借助中国南方电网公司的资金优势和成熟的电网建设、运营管理经验，加快投资建设覆盖老挝全国的一体化骨干输电网，为老挝提供安全、稳定、高效和可持续的输电服务，助力老挝经济社会发展和人民生活水平提升。同时，进一步加强老挝与周边国家的电网互联互通，促进老挝水能资源优势转化为经济优势。中老双方共同投资组建的老挝国家输电网公司，将负责建设老挝230千伏及以上等级电网。

项目八：匈塞铁路匈牙利段项目

2019年5月，中国中铁旗下中铁九局、中铁电气化局和匈牙利RM公司组成的联合体，经过公开竞标成为匈塞铁路匈牙利段项目EPC承包商。匈塞铁路是中国与中东欧国家合作的旗舰项目，是中国与中东欧国家共建"一带一路"的重点项目。项目自匈牙利首都布达佩斯至塞尔维亚首都贝尔格莱德，全长350千米，其中匈牙利境内166千米，塞尔维亚境内184千米。建成通车后，布达佩斯和贝尔格莱德之间的通勤时间将大大缩短，将由8小时缩短至3.5小时。在国家发改委的积极协调推动下,2020 年 4 月 24 日中国进出口银行与匈牙利财政部克服疫情影响,签署匈塞铁路匈牙利段贷款协议,标志着匈牙利段即将进入实施阶段,匈塞铁路项目取得新的重要进展。5 月 16 日,匈塞铁路匈牙利段项目 EPC 主承包合同正式生效,标志着匈牙利段进入实施阶段。中国进出口银行与匈牙利财政部已签署贷款协议,是 EPC 合同生效的最重要条件。5 月 19 日,匈牙利议会以 133 票对 58 票通过了匈塞铁路(匈牙利布达佩斯—塞尔维亚贝尔格莱德)铁路发展法案。

第三章 | "一带一路"投资国别风险评价

　　开展"一带一路"投资的国别风险评价，是风险防范的关键一环。本章参考已有研究成果，结合"一带一路"投资特征，构建5个维度25个指标的"一带一路"投资国别风险评价指标体系，并基于评估模型测算得到149个共建"一带一路"国家的风险排名，为进一步结合"一带一路"投资进行风险防范提供量化分析基础。

一、"一带一路"投资国别风险评价指标体系构建

为了对共建"一带一路"国家的投资风险做出客观评价，我们必须对投资不同国家的不同风险进行精确测算。要进行精确测算，就必须确立科学的指标，并构建起合理的指标体系，然后基于一些可行度比较高的数据，计算出投资不同国家的不同风险得分。

(一)国别风险评价方法综述[①]

国家风险研究始于 20 世纪 50 年代，源自国际银行跨境业务。随着国际社会不确定性的增大，诸多评级机构开始关注国家风险问题，并发布国家风险评估报告以供参考。

1.《欧洲货币》的评价方法

《欧洲货币》(*Euromoney*)于每年 9 月或 10 月公布当年各国国家风险等级表，侧重反映一国在国际金融市场上的形象与地位，从进入国际金融市场的能力(权重 20%，包括在国际债券市场、国际贷款市场及票据市场上筹借资本的能力)，进行贸易融

---

① 以下介绍四种评价方法转引自李嫒:《技术创新与国际直接投资》，165～167 页，沈阳，辽宁人民出版社，2016。

资的能力（权重 10%），偿付债券和贷款本息的记录（权重 15%），债务重新安排的顺利程度（权重 5%），政治风险状态（权重 20%），二级市场上交易能力及转让条件（权重 30%）等方面对国家风险进行考察。《欧洲货币》国家风险指数衡量的国家风险范畴包括经济性指标、债务指标、资信等级、政治风险、银行财务状况、短期融资状况、债务违约或延期情况、资本市场指数。这些指标又被分成三大类，即市场性指标、分析性指标和信用性指标。《欧洲货币》的国家风险总分为 100 分，各指标根据重要性的不同被赋予不同的分数。用于排名的分数是经过计算后的加权最后得分，综合得分越高表明国家风险越小，反之越大。

2.《机构投资者》的评价方法

《机构投资者》(Institutional Investor)自 1979 年以来持续通过期刊以及公司网站对外发布国家信用评级结果。其发布的风险等级表是该杂志向活跃在国际金融界的 75～100 个大的国际商业银行进行咨询、调查的综合结果。每个被咨询的银行要对所有国家的信誉地位，即风险状况进行评分，分数以 0～100 表示。0 分表示该国的信誉极差、风险大，100 分表示该国的国家信誉极好、风险小。这种评价方法重点考虑具有健全的国际风险分析体系的大银行以及"风险暴露"最大的银行的意见，因而直接反映银行界的看法。《机构投资者》的更新周期为 6 个月，其调查列出了国家风险的 9 大要素：经济展望、债务、金融储备/资本账目、财政政策、政治展望、资本市场的准入度、贸易收支、流入的证券投资、外国直接投资。《机构投资者》在计算总分时并不是简单地对这 9 大要素取平均值，而是取加权平均值，其权重的计算需要被调查者先对这 9 大要素进行排序，再依序取权重值。

3. 透明国际的评价方法

透明国际（Transparency International，TI）是 1993 年由德国人彼得·艾根创办的一个非政府、非营利、国际性的民间组织，在大部分国家设有分部，其评价结果也得到普遍认可。TI 指数的发布周期为 1 年，主要有两个指标，即 CPI 和 BPI，其中 CPI 是指清廉指数（Corruption Perceptions Index），BPI 是指腐败指数或行贿指数（Bribery Perception Index）。CPI 根据世界上相关方面的专家和学者独立对世界各国腐败和清廉状况的观察和感受加以综合评估，给出分数。BPI 在一定程度上是对 CPI 的补充。

4. 国际国家风险指南的评价方法

美国的国际国家风险指南（ICRG）是目前较为权威的风险评级。它对 140 个国家和地区的政治、金融、经济风险进行预测和分析，其评级结果被认为是"其他评级可以参考的标准"。[1] ICRG 每个月将各种与政治风险、金融风险和经济风险

---

① 王琛：《国家风险评价指标体系对比研究》，载《经济与管理研究》，2008(6)。

有关的因素数据编辑起来，计算出相应类别的风险指数和一个综合风险指数。该指南采用 5 个金融指数、12 个政治指数和 5 个经济指数，每个指数在一个特定范围内被赋予一个数值评分。每个要素所允许的特定取值范围反映了该要素的权重。

ICRG 的用户包括国际货币基金组织、世界银行、联合国和许多其他国际机构。根据 ICRG 数据库，国家风险由两个基本部分组成，即支付能力和偿付意愿。政治风险与偿付意愿有关，而金融风险和经济风险则与支付能力有关。ICRG 的综合风险指数计算公式如下：

$$CR = 0.5 \times (PR + ER + FR)$$

式中：政治风险（PR）占比 50%；经济风险（ER）占比 25%；金融风险（FR）占比 25%。其中，政治风险包括 12 个要素，经济风险包括 5 个要素，金融风险包括 5 个要素。综合风险指数（CR）100 分，分数高则表示风险低，反之亦然。

国际知名的投资风险评估机构在评估国家投资风险时，一般都是综合考虑经济、政治、社会、金融等因素的。在经济方面，各评估机构均看重经济基础和偿债能力等方面的指标，如人均收入、国民生产总值、外债占进出口的比重、财政赤字占 GDP 的比重等；在政治方面，各机构都会对政治稳定性、公民参与度、治理有效性等指标做出考察；在社会方面，不同的评估机构有不同的处理方法，但大部分机构注重考察社会的弹性程度，即应对危机的能力，这往往在种群和谐程度、法律健全程度等指标上有所反映。

上述机构的评级方法虽然已经比较成熟，但由于其在某些方面的弊端，无法直接应用于对中国的海外直接投资的评估。第一，国际主要风险评估机构将政治因素视为统领国家风险评价标准的核心，过分强调经济开放对于一国风险等级的正面作用，在一定程度上忽略了各国的具体国情。第二，国际上的风险评估机构均以盈利为目标，利益的驱动在某种程度上对风险评价的独立客观性造成影响。第三，各家机构都过分依赖历史数据，缺乏对一国长期发展趋势的判断，使得评级效果大打折扣，而它们在对未来进行预测时又不可避免地会引入主观评判，因此如何更快地更新数据，对未来进行科学预测，是所有评级机构都面临的挑战。第四，考虑到各评级机构的商业性质和核心数据的保密性，几乎所有机构仅对外公布评估结果和一部分评估方法，并不公开所有数据和所有方法，因此透明度仍有待提高。

国际上流行的国别投资风险评估方法同样难以直接用于"一带一路"投资风险的测度与评估。原因在于：第一，国际评级机构的指标权重赋值方法和指标数据不对外公布，我们仅靠评估结果难以学习和借鉴其成套的方法体系，所以国际评级机构的评估结果难以直接运用和内化；第二，国际评级机构的评估多以本国的对外投资为导向,对本国的重要贸易伙伴的评级往往更高,评估结果难以做到公正客观,所以评级结果不能直接切合"一带一路"建设的实际需要;第三,国际评级机构服务的投资公司的投资诉求与我国不同,国际机构将政治因素作为国别信用和风险评级的主要因素,过分强调经济开放和自由市场的重要性,而忽视了各国具体国情,也难以符合我国在不干涉他国内政基础上扩大经贸往来的政策主张。[1]

"一带一路"国别风险体系缺位,使得国别风险研究缺乏特征性导向。事实上,与其他风险类型不同,"一带一路"的国别风险具有国情特殊性、投资资金规模性、投资收益长期性、风险管理持续性等特征。这是因为,不同于一般的金融机构跨国投资,共建"一带一路"国家的经济、社会和文化情况十分复杂,且投资项目往往为基础设施行业,对金融机构的资金量要求较高,投资周期长且资金回笼慢,风险的持续性评估和风险波动下的风险管理持续性跟进成为国别风险研究与管理的重要内容。反观既有研究,对"一带一路"国别风险的特征性导向很弱,主要还是按照传统的指标制定和权重赋值进行分析。值得关注的是,部分学者已经开始重视中国国情和对华指标的纳入,譬如

---

[1] 张宇燕、张明、王永中:《国别风险的识别与应对》,载《中国金融》,2015(3)。

张宇燕等人[①]认为目前的大部分评级机构没有考虑到中国国情，所以他们的研究对对华关系指标进行了较为全面的设计，这为本项研究提供了启发。国内研究中国海外投资风险的机构较多，但是仍缺乏专门为"一带一路"投资设计的风险评价指标。虽然中国社会科学院世界经济与政治研究所每年发布《中国海外投资国家风险评级报告》，对"一带一路"沿线国家的风险也进行了重点分析，但是样本仅局限于沿线国家，而共建"一带一路"国家的范围要宽泛得多。因此，本项研究以 149 个共建"一带一路"国家为样本，测算投资风险指数，并对这些共建国家的风险进行评价，为"一带一路"投资风险防范提供参考。

(二)"一带一路"投资国别风险评价指标筛选原则

"一带一路"投资的国别风险评价具有丰富的内涵和外延，以国别风险指数综合衡量东道国的政治、经济、金融、社会等方面的多项可能影响"一带一路"投资的相关指标，并结合"一带一路"投资特征，加入东道国与中国关系这一因素的相关指标，能够更加全面系统地衡量某一东道国的投资风险水平。为了精准地筛选出最具价值的评价指标，我们必须坚持以下 3 个基本原则。

---

① 张宇燕、张明、王永中：《国别风险的识别与应对》，载《中国金融》，2015(3)。

1. 科学性原则

理论和方法要具有科学性。在现有国别风险类指数中，有的指数聚焦政治风险，有的指数重视金融风险，有的指数则结合多个维度测算综合风险。无论测度的风险维度如何选择，指标体系的设置和数据的处理都应严格基于专业的相关理论，基础数据的处理和指标的加权都应严格遵从统计学的基本理论与方法。另外，在选取指标时，要最大限度地使用"硬数据"，即官方公开发布的统计数据。相应地，要尽量减少使用"软数据"，即抽样调查数据。尽量少使用专家打分这种主观判断的方法，若主观性太强容易因个人原因而导致结果出现偏差，从而降低风险防范的参考价值。对于缺失的数据在补充时应充分贴近实际情况。

2. 合理性原则

现有常见国家风险评价指数一般都测度四大领域（政治、经济、金融、社会）的国别风险情况。对于"一带一路"投资风险而言，主要表现为中国对共建"一带一路"国家投资所面临的风险，因此相关共建国家与中国之间的关系就显得十分重要，如果我们忽略了这个因素，就一定会对潜在投资风险的估计产生偏差。一个国家，即使它政治稳定，经济发展很好，金融条件也好，社会风险也低，但只要与中国的关系不太好，就可能使中国的投资面临较大的风险；相反，尽管有些国家的政治、经济发展水平比较低，但与中国建立了良好的关系，那么也有可能对冲掉很多其他因素所带来的投资风险。因此，考察"一带一路"投资的国别风险，要特别重视东道国与中国的双边关系强度。在这方面，中国社会科学院世界经济与政治研究所做出了很好的尝试，在其海外投资风险研究中引入了"对华关系"这一维度，包括双方是否签订双边投资协定、投资受阻程度、双边政治关系、双边贸易依存度、双边投资依存度以及相互的免签情况6个子指标。这区别于已有的其他国别投资风险指标体系设定，为中国海外投资风险评价提供了重要参考。然而其中关于投资受阻程度和双边政治关系的指标设定采用的是主观判断的方法，实际上是会影响到结果的客观性的，因此我们在深入研究的基础上，使用投资失败占比这个指标及其数据，弥补了这部分内容在数据量化方面的不足。

3. 数据的可得性与可信性原则

第一，数据的持续性。我们尽量通过公开渠道收集风险评价相关数据，主要是从国际货币基金组织的国际收支统计、世界银行的《世界发展指标》、联合国的社会统计和文化统计、世界贸易组织的跨境贸易统计、联合国贸发会议的跨境投资数据等获得数据，这些数据均在各自官网公开发布，全球读者均可免费获取。第二，数据源的稳定性。我们上面提到的数据都会由相关国际组织定期发布，十分稳定。这些数据主要是由各国政府统计部门提供给相关国际组织的，或者由国际非政府组织基于相关经济体零散的权威数据整理的，均较稳定。调查类数据如果能长期获得稳定的财力支持，也会稳定发布。第三，数据的质量。前述国际组织及各经济体相关当局在编制上述统计数据时，均基于国际权威统计手册确立的统计制度、方法和最佳实践进行，原始数据源的质量一般都由政府保证，即使部分经济体的统计实践不同于其他经济体，也会明确地说明这些差异，让读者充分了解、评估并使用。

(三)"一带一路"投资国别风险评价指标体系

随着全球经济不确定因素的增加，国际政治经济形势日趋复杂多变，而"一带一路"投资规模在快速增长，其面临的风险也随之加大，这其中包括市场风险和非市场风险。市场风险包括经营风险、市场竞争风险等，非市场风险包括政治风险、自然灾害风险、疫情全球大流行风险等。一般而言，人力不可抗拒的自然灾害风险和自身面临的经营风险是企业必须面对和承担的风险，而政治风险、经济风险和金融风险，则是在一定程度上可以预判的国家风险。当前，"一带一路"建设进入高质量发展阶段，高质量共建"一带一路"对共建国家投资风险防范提出了新的要求，需要构建全面、系统、客观的"一带一路"投资国别风险评价指标体系。为了使构建的"一带一路"投资国别风险评价指标体系符合跨国投资风险管理基本理论、借鉴全球相关实践的成功经验、体现高质量共建"一带一路"的基本要求，同时遵循指标体系构建的系统性、科学性、代表性、可操作性以及客观适用性等基本原则，我们选择政治风险、金融风险、经济风险、社会风险和双边关系风险 5 个维度，构建"一带一路"建设风险评价指标体系。

1. 政治风险

政治风险是因投资者所在国与东道国政治环境发生变化，东道国政局不稳、政策法规发生重大改变等导致海外投资的企业面临的风险。对于企业海外投资来说，东道国政治状况是否稳定、政府治理效率的高低都直接影响海外投资的安全与效益。而政治治理风险相对比较复杂，对其预测的难度很大。世界银行跨国投资担保机构（Multinational Investment Guarantee Agency，MIGA）在 2009 年的报告中指出，广义的政治风险是指跨国企业经营因东道国或母国的政治力量发生重大改变或发生重大政治事件，或因国际政治环境发生重大变化而受损的情况。对于中国企业海外投资来说，政治风险是最大的风险之一，一旦发生，企业遭受的损失将是不可估量的。一般而言，政治风险包括领导人乃至政权发生意想不到的重大变化、国家政策发生无法预料的重大改变等。一个国家的政治变化是一个持续的过程，因此海外投资企业必须建立有效的风险监控和预警系统，尽可能早地发现政治风险前兆，争取主动，跟踪东道国和相关国家的政治形势变化趋势，在政治风险发生前采取有效措施，最大限度地避免不必要的损失。

目前，较为权威的政治风险评价体系是由政治风险服务集团(Political Risk Service Group，PRS Group)发布的 ICRG 中的政治风险指数，王海军、孟醒和董有德、张艳辉等、赵青和张华容等人[①]的相关研究都运用了该评价体系。我们这项研究也参考了 ICRG 指标库，选择对"一带一路"投资可能有较大的影响且相互独立的指标，如政府稳定性(Government Stability)、外部冲突(External Conflict)、腐败控制(Corruption Control)、民主问责(Democratic Accountability)、官僚质量(Bureaucracy Quality)5 个二级指标，而反映政府稳定性的因素包括政府内部的分化程度、立法权威性、大众支持程度，这是对东道国当届政府执行其政策的能力和继续执政可能性的评估，得分越高，表示这个国家的政府稳定性越强，风险越低。

2. 经济风险

经济风险主要反映的是一国经济发展前景的不确定性，可

---

① 王海军：《政治风险与中国企业对外直接投资——基于东道国与母国两个维度的实证分析》，载《财贸研究》，2012(1)；孟醒、董有德：《社会政治风险与我国企业对外直接投资的区位选择》，载《国际贸易问题》，2015(4)；张艳辉、杜念茹、李宗伟等：《国家政治风险对我国对外直接投资的影响研究——来自 112 个国家的经验证据》，载《投资研究》，2016(2)；赵青、张华容：《政治风险对中国企业对外直接投资的影响研究》，载《山西财经大学学报》，2016(7)。

能引起的外商投资活动蒙受的经济损失。东道国的经济发展状
况是海外投资的基础，也是决定海外投资经济效益的关键因素。
如果东道国经济发展前景向好，海外投资经济利益波动就小；
如果东道国的经济发展出现停滞或下滑的情况，就会直接给海
外投资带来不利影响。经济风险在所有国家风险因素中是最为
客观且直接的，可以从相关经济指标数据中得到及时监控，比
如经济增长、通货膨胀、国际收支等，因此相对来说比较便于
预测。我们选择人均 GDP、GDP 增速、年通货膨胀率、预算余
额①占 GDP 的比重、经常账户余额占 GDP 的比重 5 个指标分别
反映"一带一路"投资东道国的经济增长、通货膨胀、政府收支、
国际收支等水平，以监测东道国的经济发展质量。

3. 金融风险

金融风险反映的是东道国金融市场价格波动以及国家偿债
能力变化引起的不确定性。本项研究选择汇率波动以说明东道
国金融市场的价格波动风险，用外债总额占 GDP 的比重、外债
还本付息总额占商品和服务出口的比重、经常账户余额占商品
和服务出口的比重以及外汇储备（含黄金）可支付进口的月份数
4 个指标测度东道国的国际收支余额及其外汇储备在偿还外国
债务方面的能力。东道国的金融状况是对外直接投资的前提，
直接影响海外投资投向及海外投资的可持续性。

---

① 预算余额是指政府收入与政府支出之间的差额。

4. 社会风险

社会风险是由于社会稳定方面出现问题而给"一带一路"投资带来的不确定性。外资企业在一个国家投资需要一个安全、良好的社会环境，良好的社会保障创造良好的投资和发展环境。我们选择国内社会冲突、法律制度稳定、对外国资本和人员流动的限制、劳动力市场管制、营商环境5个指标测度东道国的社会安全程度。第一，国内社会冲突指标反映的是东道国内部存在的内战或者政变威胁、恐怖主义倾向、民间动乱等方面的可能性。通过估计其对国家治理的实际影响或潜在影响得到风险得分，这部分数据参考ICRG数据库提供的历年共建"一带一路"国家的得分情况。第二，法律制度稳定指标衡量的是社会成员对社会规则的遵守程度和信心，尤其是契约执行、产权、警察和法院质量，以及发生犯罪和暴力事件的可能性，这些也属于社会风险的内容中直接影响投资效益的不确定性因素，相关数据来自世界银行的WGI数据库。第三，考虑到跨国投资受到东道国对外国资本和人员流动的政策影响，为评估这种风险，我们引入东道国对外国资本和人员流动的限制情况进行分析。第四，跨国投资项目建设必然涉及当地劳工问题，而劳工风险也一直是近些年居高不下的投资风险之一，因此我们选择东道国劳动力市场管制作为风险指标进行分析。第五，外商企业进入东道国过程中必然要考虑营商环境问题，世界银行在2001年就成立了 doing business 研究小组，负责测算各国的营商环境水平，主要涵盖企业生命周期的 10 个领域——开办企业、办理施工许可、获得电力、登记财产、获得信贷、保护投资者、纳税、跨境贸易、执行合同和办理破产，可以比较好地体现跨国企业在东道国的营商便利度水平。需要说明的是，世界银行在不同年份所采用的测算方法及选择的指标存在一些差异，因此直接估计得分不具有跨年度可比性，而自 2003 年以来世界银行测度的 190 个国家的样本未变，我们通过这些国家的相对位次排名来分析其营商环境的水平。

5. 双边关系风险

"一带一路"投资主要是中国对共建"一带一路"国家的投资，因此中国与这些国家之间的关系紧密度就很重要，包括外交关系、经济贸易关系、金融合作关系等。我们选择了 5 个指标来分析双边关系，即是否与中国签订双边投资协定（BITs）、东道国对华限制情况、贸易依存度、投资依存度、是否对中国免签 5 个方面。需要特别说明的是，我们选择的双边关系指标，主要是参考了中国社会科学院世界经济与政治研究所的《海外投资风险评级报告》，但是其在"对华关系"指标中所涉及的两个主观变量，即"投资受阻程度"和"双边政治关系"，使用的都是德尔菲法，具有较强的主观性，很容易引起偏差，因此我们参考相关文件后选择"对华限制"这一因素，通过获得相关数据进行客观分析，力争反映出东道国与中国的实际关系情况。

近些年来，有的国家对华歧视性限制频现，因此中国企业承受了比较大的政治风险。由于制度差异、文化差异、意识形态差异的存在以及中国在发展过程中面临的国际政治竞争加剧，我国国有企业在跨国并购活动方面屡受歧视性打压。对于这些趋于频繁的针对中国投资的特别政治干扰或限制，我们称其为中国企业对外投资过程中的"对华限制"因素。中海油、五矿集团、华为、中航通飞等许多中国企业都在对美国和澳大利亚的投资中因涉及国家安全遭受审查，有的投资项目被"否决"，这就是比较典型的带有歧视性打压色彩的"对华限制"。对华限制往往体现在对华投资的严厉审查、质疑或否决方面，这样的特别措施往往也体现了东道国对中国投资的不信任并设法加以限制，因此我们从一些国家对中国投资项目进行"否决"的情况入手，设立对华限制指标。美国传统基金会自 2005 年起就详细记录了中国 OFDI 的失败交易的详细清单和交易宗数。基于这一指标构建的思路，我们根据中国对外投资失败交易情况计算出各国对华限制因素的情况，计算公式如下：

$$RC_i = 1 - (Trb_i - Trb_{globe})$$

其中，Trb_i 为中国对 i 国投资失败宗数与在 i 国总交易宗数比，Trb_{globe} 为中国在全球投资失败宗数与在全球总交易宗数比。由于统计资料存在问题，所以我们参考了孟凡臣和蒋帆[1]的处理方法：对于中国对部分国家投资只有 1 宗交易且失败

---

① 孟凡臣、蒋帆：《中国对外直接投资政治风险量化评价研究》，载《国际商务研究》，2014(5)。

的，以保守估计的做法使用除此情况外最高的失败率来代替；对于部分国家没有投资交易记录的，使用全球平均问题交易率来代替。

二、"一带一路"投资的国别风险指数测算

我们这项研究试图对投资于共建"一带一路"国家的国别风险做出测算、排序与评价。基于前述筛选的重要维度与主要指标，我们首先构建一个具有两层结构的评估模型来反映综合风险指数所包括的主要方面和内容，然后基于这些内容计算出综合值，这个综合值就是共建"一带一路"国家的综合投资风险指数。

（一）国别风险指数模型的构建与测算方法

我们在一开始就界定过了，本项研究的对象是截至 2022 年 4 月的 149 个共建"一带一路"国家（不包括中国）①。基于我们确定的"一带一路"投资国别风险评价指标体系，我们构建了一个双层结构评估模型，模型中所包括的一级指标涉及 5 个方面，

---

① 因为我们研究的重点是中国对这 149 个共建"一带一路"国家的投资风险，中国是投资行为主体，就不能把自己作为对象来看待。

每个一级指标又各细分为 5 个二级指标,5 个方面的内容共计有
25 个二级指标。同一级的不同指标之间是并列关系,而二级指
标隶属一级指标。两级指标之间的关系如图 3-1 所示。

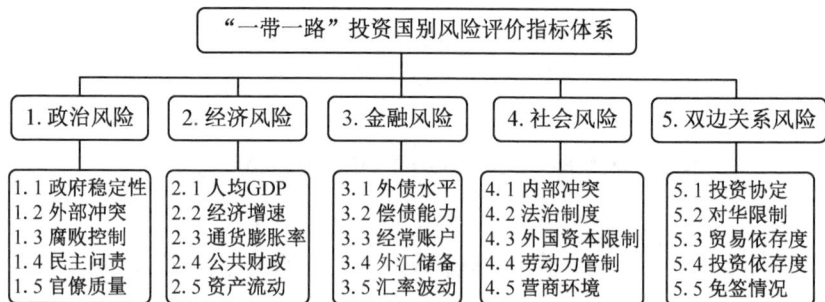

图 3-1 "一带一路"投资国别风险指标评估结构

在测算"一带一路"投资的国家综合风险指数时,我们采用
由低到高逐层加权平均的定量计算方法。具体来讲,就是总的
风险指数是由 5 个一级指标等权平均所获得的,每个一级指标
的数值又是由隶属该一级指标的所有二级指标通过等权平均所
得的。评估模型通过原始数据矩阵(DATA)、评分矩阵
(SCORE)和排序矩阵(RANK)计算得到,计算过程分为三步。

第一步,构建原始数据矩阵(DATA)。

DATA 矩阵共有 149 行和 25 列,其元素是 X_{ij}。X_{ij} 表示
第 i 个国家($i=1$,…,149)对应第 j 项二级指标($j=1$,…,
25)的原始数据。DATA 矩阵的每一列对应于在某一个指标下所
有国家的原始数据,而不同列的单位是不相同的。每一行对应
于某一个国家在所有指标下的原始数据。于是,DATA 矩阵可

记作：

$$
\text{DATA} = \begin{bmatrix} X_{11} & X_{12} & \cdots & X_{1\,25} \\ X_{21} & X_{22} & \cdots & X_{2\,25} \\ \vdots & \vdots & \vdots & \vdots \\ X_{149\,1} & X_{149\,2} & \cdots & X_{149\,25} \end{bmatrix}_{149 \times 25}
$$

第二步，构建评分矩阵（SCORE）。

首先，根据 DATA 矩阵，构建出二级指标评分矩阵，记为 SCORE$^{(2)}$。SCORE$^{(2)}$ 矩阵共有 149 行和 25 列，其元素是 $S_{ij}^{(2)}$。$S_{ij}^{(2)}$ 表示第 i 个国家（$i=1$，…，149）对应第 j 项二级指标（$j=1$，…，25）的评分结果。SCORE$^{(2)}$ 矩阵的每一列对应于在某一个二级指标下所有国家的评分结果。SCORE$^{(2)}$ 矩阵的每一行对应于某一个国家在所有二级指标下的评分结果。

指标体系中的指标分为正向指标和负向指标，正向指标是原始数据值越大得分越高，比如人均 GDP、GDP 增速等指标；负向指标是原始数据值越大得分越低，比如通货膨胀率、汇率波动等指标。不同类型的指标，在进行标准化的过程中测算方法也不同。其中，对于负向指标，数据越大，评分越低。设置原始数据取到最小值 $\min\limits_{y=2016,\cdots,2020}(\min\limits_{i=1,\cdots,149}\{X_{ij}\})$ 的国家评分为满分，原始数据取到最大值 $\max\limits_{y=2016,\cdots,2020}(\max\limits_{i=1,\cdots,149}\{X_{ij}\})$ 的国家评分为零分，此处标准化过程采用的是面板归一化方法，在全样本区间内进行数据的标准化，其中选择的样本年份是 $y=2016$，…，2020。

那么，$S_{ij}^{(2)}$ 的计算公式为

$$S_{ij}^{(2)} = \frac{\max\limits_{y=2016,\cdots,2020}(\max\limits_{i=1,\cdots,149}\{X_{ij}\}) - X_{ij}}{\max\limits_{y=2016,\cdots,2020}(\max\limits_{i=1,\cdots,149}\{X_{ij}\}) - \min\limits_{y=2016,\cdots,2020}(\min\limits_{i=1,\cdots,149}\{X_{ij}\})} \times 100,$$

并且有 $0 \leqslant S_{ij}^{(2)} \leqslant 100$。

对于正向指标，数据越大，评分越高。设置原始数据取到最大值 $\max\limits_{y=2016,\cdots,2020}(\max\limits_{i=1,\cdots,149}\{X_{ij}\})$ 的国家评分为满分，原始数据取到最小值 $\min\limits_{y=2016,\cdots,2020}(\min\limits_{i=1,\cdots,149}\{X_{ij}\})$ 的国家评分为零分。那么，$S_{ij}^{(2)}$ 的计算公式为

$$S_{ij}^{(2)} = \frac{X_{ij} - \min\limits_{y=2016,\cdots,2020}(\min\limits_{i=1,\cdots,149}\{X_{ij}\})}{\max\limits_{y=2016,\cdots,2020}(\max\limits_{i=1,\cdots,149}\{X_{ij}\}) - \min\limits_{y=2016,\cdots,2020}(\min\limits_{i=1,\cdots,149}\{X_{ij}\})} \times 100,$$

并且有 $0 \leqslant S_{ij}^{(2)} \leqslant 100$。

由上述公式计算得到 SCORE$^{(2)}$ 矩阵的每一个元素，从而得到 SCORE$^{(2)}$ 的以下矩阵：

$$\text{SCORE}^{(2)} = \begin{bmatrix} S_{11}^{(2)} & S_{12}^{(2)} & \cdots & S_{1\,25}^{(2)} \\ S_{21}^{(2)} & S_{22}^{(2)} & \cdots & S_{2\,25}^{(2)} \\ \vdots & \vdots & \vdots & \vdots \\ S_{149\,1}^{(2)} & S_{149\,2}^{(2)} & \cdots & S_{149\,25}^{(2)} \end{bmatrix}_{149 \times 25}$$

其次，根据 SCORE$^{(2)}$ 矩阵，构建出一级指标评分矩阵，记为 SCORE$^{(1)}$。SCORE$^{(1)}$ 矩阵共有 149 行和 5 列，其元素是 $S_{ij}^{(1)}$。$S_{ij}^{(1)}$ 表示第 i 个国家（$i=1$，…，149）对应第 j 项一级指标（$j=1$，…，5）的评分结果。SCORE$^{(1)}$ 矩阵的每一列对应于

在某一个一级指标下所有国家的评分结果。SCORE$^{(1)}$ 矩阵的每一行对应于某一个国家在所有一级指标下的评分结果。假设第 j 项一级指标($j=1$，$\cdots$，5)包括的二级指标是 SCORE$^{(2)}$ 矩阵中的第 s 列至第 t 列，设第 p 列($s \leqslant p \leqslant t$)的权重为 $w_p^{(2)} \geqslant 0$；那么，$S_{ij}^{(1)}$ 等于所有二级指标的加权平均值，计算公式为 $S_{ij}^{(1)} = \sum_{p=s}^{t} (S_{ij}^{(2)} \cdot w_p^{(2)}) / \sum_{p=s}^{t} w_p^{(2)}$，并且有 $0 \leqslant S_{ij}^{(1)} \leqslant 100$。本项研究选取权重均为 1，由此公式计算得到 SCORE$^{(1)}$ 矩阵的每一个元素，从而得到 SCORE$^{(1)}$ 的以下矩阵：

$$\text{SCORE}^{(1)} = \begin{bmatrix} S_{11}^{(1)} & S_{12}^{(1)} & \cdots & S_{15}^{(1)} \\ S_{21}^{(1)} & S_{22}^{(1)} & \cdots & S_{25}^{(1)} \\ \vdots & \vdots & \vdots & \vdots \\ S_{149\,1}^{(1)} & S_{149\,2}^{(1)} & \cdots & S_{149\,5}^{(1)} \end{bmatrix}_{149 \times 5}$$

最后，根据 SCORE$^{(1)}$ 矩阵，构建出风险指数评分矩阵(SCORE)。SCORE 矩阵共有 149 行和 1 列，其元素是 S_i。S_i 表示第 i 个国家($i=1$，$\cdots$，149)对应风险指数的评分结果。假设第 j 项一级指标($j=1$，$\cdots$，5)的权重为 $w_j^{(1)} \geqslant 0$。那么，S_i 等于 5 个一级指标的加权平均值，计算公式为 $S_i = \sum_{j=1}^{5} (S_{ij}^{(1)} \cdot w_j^{(1)}) / \sum_{j=1}^{5} w_j^{(1)}$，并且有 $0 \leqslant S_i \leqslant 100$。本报告选取权重均为 1，由此公式计算得到 SCORE 矩阵的每一个元素，从而得到 SCORE 的以下矩阵：

$$SCORE = \begin{bmatrix} S_1 \\ S_2 \\ \vdots \\ S_{149} \end{bmatrix}_{149 \times 1}$$

第三步,构建排序矩阵(RANK)。

首先,根据 SCORE$^{(2)}$ 矩阵,构建出二级指标排序矩阵,记为 RANK$^{(2)}$。RANK$^{(2)}$ 矩阵共有 149 行和 25 列,其元素是 $R_{ij}^{(2)}$。$R_{ij}^{(2)}$ 表示第 i 个国家($i=1$,…,149)对应第 j 项二级指标($j=1$,…,25)的排序结果。RANK$^{(2)}$ 矩阵的每一列对应于在某一个二级指标下所有国家的排序结果。RANK$^{(2)}$ 矩阵的每一行对应于某一个国家在所有二级指标下的排序结果。把 SCORE$^{(2)}$ 矩阵的第 j 列元素按由高到低的顺序排列,那么 $R_{ij}^{(2)}$ 就等于 $S_{ij}^{(2)}$ 在这个排列中的位置顺序,计算公式为 $R_{ij}^{(2)} = \text{Rank}\{S_{ij}^{(2)} \mid [S_{ij}^{(2)}]_{i=1,\cdots,149}\}$,并且有 $1 \leqslant R_{ij}^{(2)} \leqslant 149$。$R_{ij}^{(2)}=1$ 表示该国家这项指标在 149 个国家中评分最高,位列第一名;$R_{ij}^{(2)}=149$ 表示该国家这项指标在 149 个国家中评分最低,位列最后一名。由此公式计算得到 RANK$^{(2)}$ 矩阵的每一个元素,从而得到 RANK$^{(2)}$ 的以下矩阵:

$$RANK^{(2)} = \begin{bmatrix} R_{1\,1}^{(2)} & R_{1\,2}^{(2)} & \cdots & R_{1\,25}^{(2)} \\ R_{2\,1}^{(2)} & R_{2\,2}^{(2)} & \cdots & R_{2\,25}^{(2)} \\ \vdots & \vdots & \vdots & \vdots \\ R_{149\,1}^{(2)} & R_{149\,2}^{(2)} & \cdots & R_{149\,25}^{(2)} \end{bmatrix}_{149 \times 25}$$

其次，根据 SCORE$^{(1)}$ 矩阵，构建出一级指标排序矩阵，记为 RANK$^{(1)}$。RANK$^{(1)}$ 矩阵共有 149 行和 5 列，其元素是 $R_{ij}^{(1)}$。$R_{ij}^{(1)}$ 表示第 i 个国家 ($i=1$，…，149) 对应第 j 项一级指标 ($j=1$，…，5) 的排序结果。RANK$^{(1)}$ 矩阵的每一列对应于在某一个一级指标下所有国家的排序结果。RANK$^{(1)}$ 阵的每一行对应于某一个国家在所有一级指标下的排序结果。把 SCORE$^{(1)}$ 矩阵的第 j 列元素按由高到低的顺序排列，那么 $R_{ij}^{(1)}$ 就等于 $S_{ij}^{(1)}$ 在这个排列中的位置顺序，计算公式为 $R_{ij}^{(1)} = \mathrm{Rank}\{S_{ij}^{(1)} \mid [S_{ij}^{(1)}]_{i=1,\cdots,149}\}$，并且有 $1 \leqslant R_{ij}^{(1)} \leqslant 149$。$R_{ij}^{(1)} = 1$ 表示该国家这项指标在 149 个国家中评分最高，位列第一名；$R_{ij}^{(1)} = 149$ 表示该国家这项指标在 149 个国家中评分最低，位列最后一名。由此公式计算得到 RANK$^{(1)}$ 矩阵的每一个元素，从而得到 RANK$^{(1)}$ 的下面的矩阵：

$$\mathrm{RANK}^{(1)} = \begin{bmatrix} R_{11}^{(1)} & R_{12}^{(1)} & \cdots & R_{15}^{(1)} \\ R_{21}^{(1)} & R_{22}^{(1)} & \cdots & R_{25}^{(1)} \\ \vdots & \vdots & \vdots & \vdots \\ R_{149\,1}^{(1)} & R_{149\,2}^{(1)} & \cdots & R_{149\,5}^{(1)} \end{bmatrix}_{149 \times 5}$$

最后，根据 SCORE 矩阵，构建出排序矩阵 (RANK)。RANK 矩阵共有 149 行和 1 列，其元素是 R_i。R_i 表示第 i 个国家 ($i=1$，…，149) 风险指数的排序结果，那么将 SCORE 矩阵的这一列元素按由高到低的顺序排列，R_i 就等于 S_i 在这个排列中的位置顺序，计算公式为 $R_i = \mathrm{Rank}\{S_i \mid [S_i]_{i=1,\cdots,149}\}$，并

且有 $1 \leqslant R_i \leqslant 149$。$R_i = 1$ 表示该国家这项指标在 149 个国家中评分最高，位列第一名；$R_i = 149$ 表示该国家这项指标在 149 个国家中评分最低，位列最后一名。于是，RANK 矩阵可记作：

$$\text{RANK} = \begin{bmatrix} R_1 \\ R_2 \\ \vdots \\ R_{149} \end{bmatrix}_{149 \times 1}$$

(二)数据来源及其相关处理方法

我们结合"一带一路"投资风险评价指标体系的构建，对指数进行数据搜集。本项研究基本上属于宏观层面的研究，因此选择国际上比较权威的数据库作为数据来源的基础，如世界银行的世界发展指数 WDI 数据库、联合国贸发会议 UNCTAD 数据库、国际货币基金组织数据库、ICRG 数据库以及其他一些数据库等。详细的指标解释及数据来源如表 3-1 所示。

表 3-1 "一带一路"投资国别风险评价指标说明

风险评价维度	指标说明	数据来源
1. 政治风险	1.1 政府稳定性	ICRG
	1.2 外部冲突	ICRG
	1.3 腐败控制	ICRG
	1.4 民主问责	ICRG
	1.5 官僚质量	ICRG

续表

风险评价维度	指标说明	数据来源
2. 经济风险	2.1 人均 GDP	WDI、CEIC
	2.2 GDP 增速	WDI、CEIC
	2.3 年通货膨胀率	WDI、WEO、CEIC
	2.4 预算余额占 GDP 的比重	WDI、WEO、CEIC
	2.5 经常账户余额占 GDP 的比重	WDI、WEO、CEIC
3. 金融风险	3.1 外债总额占 GDP 的比重	WDI、WEO、CEIC
	3.2 外债还本付息总额占商品和服务出口的比重	WDI、QEDS、EIU
	3.3 经常账户余额占商品和服务出口的比重	WDI、WEO、CEIC
	3.4 外汇储备可支付进口的月份数	WDI、QEDS、WEO、EIU
	3.5 汇率波动	IFS、WDI、CEIC
4. 社会风险	4.1 内部社会冲突	ICRG
	4.2 法制稳定	WGI
	4.3 对外国资本和人员流动的限制	EFW
	4.4 劳动力市场管制	EFW
	4.5 营商环境	DB
5. 双边关系风险	5.1 是否签订双边投资协定	UNCTAD、中国商务部
	5.2 对华限制情况	CGIT
	5.3 贸易依存度	WDI、CEIC、IMF
	5.4 投资依存度	UNCTAD、中国对外直接投资统计公报、CEIC
	5.5 免签情况	中国商务部、中国领事服务网

注：1. ICRG 是指政治风险服务（PRS）集团的国际国家风险指南（International Country Risk Guide）；WDI 为世界银行的世界发展指标数据库（World Development Indicators）；CEIC 为香港环亚经济数据有限公司的数据库；WEO 为国际货币基金组织的世界经济展望数据库（World Economic Outlook Database）；QEDS 为世界银行的季度外债统计数据库（Quarterly External Debt Statistics）；EIU 为经济学人信息部数据库；IFS 为国际货币基金组织的国际金融统计数据库；WGI 为世界银行研究所的全球治理指数（World Governance Indicators）；EFW 为弗雷泽研究所（Fraser Institute）的世界经济自由度（Economic Freedom of the World）年度报告；DB 指的是世界银行的《全球营商环境报告》（*Doing Business*）；UNCTAD 为联合国贸发会议的数据库；CGIT 为美国企业研究所和传统基金会（The American Enterprise Institute and The Heritage Foundation）的"中国全球投资追踪"（China Global Investment Tracker）数据库；IMF 是指国际货币基金组织的数据库。

2. 数据来源中的第一个数据库为每个指标对应的主要数据来源，若存在缺失值则从其他数据库补充。

本项研究主要用的是截至 2020 年的统计数据，对于个别国家缺失个别年份的数据的情况，我们参考已有相关研究的处理方法进行数据补充。从 2016 年到 2020 年，并非所有国家和所有年份的数据都可用，因此我们使用线性插值来估算系列中的缺失值，而序列开头或结尾的缺失值则使用可用的最近观察值来替代。具体来说，这意味着我们在一个序列的开头丢失数据的情况下向后沿用最后一个值，在一个序列的结尾丢失数据的情况下向前沿用最后一个值。在数据的标准化处理方面，每个变量被转换成一个从 1 到 100 的指数，其中 100 被分配给整个国家样本和整个时间段内特定变量的最大值。它类似于根据原始分布的百分位数对数列进行的变换，这个过程被称为面板归一化，我们采用面板标准化对数据进行处理，使得分在不同年度之间具有可比性，详细公式在前面已有交代，不在此处赘述。

(三)国别投资风险测算结果与排序

根据以上我们设计的测算方法,运用世界银行、国际货币基金组织、联合国系统相关机构以及其他国际权威机构所提供的相关数据,我们既得出了与"一带一路"投资国别风险相关的5个重要方面的专项得分和专项排序,也得出了由5个方面整合而成的综合风险评价得分和排序。测算得到从2016年至2020年共建"一带一路"国家的投资风险水平,测算出综合投资风险的五年平均得分、排名及其分项投资风险得分,如表3-2所示。

表3-2 共建"一带一路"国家投资风险指数得分与排序(2016—2020年的五年平均值)

国家	综合投资风险		分项投资风险得分				
	排名	得分	政治风险	经济风险	金融风险	社会风险	双边关系
卢森堡	1	71.03	81.31	74.31	67.11	76.80	55.60
新加坡	2	70.86	75.00	67.97	64.77	86.40	60.17
新西兰	3	68.94	81.71	60.62	70.14	93.53	38.71
马耳他	4	67.24	75.21	59.31	66.57	78.30	56.80
奥地利	5	67.19	81.34	61.50	62.29	75.26	55.54
爱沙尼亚	6	66.32	69.29	57.29	68.09	81.33	55.62
韩国	7	65.86	62.97	60.18	71.92	75.71	58.53
塞浦路斯	8	65.25	71.89	57.49	63.40	73.71	59.74
捷克	9	65.00	65.64	56.98	67.02	79.72	55.65
斯洛伐克	10	64.42	69.61	55.81	63.50	73.55	59.65
立陶宛	11	64.35	64.73	56.93	66.75	77.76	55.57

续表

国家	综合投资风险		分项投资风险得分				
	排名	得分	政治风险	经济风险	金融风险	社会风险	双边关系
阿联酋	12	64.21	65.48	61.66	69.46	72.59	51.87
匈牙利	13	64.16	69.92	55.91	63.01	72.28	59.67
斯洛文尼亚	14	63.79	67.19	58.79	62.36	70.93	59.69
乌拉圭	15	63.53	61.58	55.49	70.17	69.07	61.33
葡萄牙	16	63.51	68.87	56.39	62.92	73.71	55.66
波兰	17	63.45	67.24	56.16	66.96	71.21	55.70
萨摩亚	18	63.34	81.71	54.26	67.98	72.07	40.70
汤加	19	63.06	81.71	53.17	70.55	69.70	40.19
克罗地亚	20	62.37	63.54	55.97	64.97	67.79	59.60
意大利	21	62.19	64.79	58.48	59.54	72.40	55.73
智利	22	62.16	61.82	54.83	69.78	62.98	61.39
斐济	23	62.13	81.71	51.76	69.37	67.64	40.19
马来西亚	24	61.94	58.30	56.14	68.38	72.02	54.86
基里巴斯	25	61.37	81.71	64.75	76.23	63.68	20.48
保加利亚	26	61.31	56.62	55.09	67.85	71.41	55.61
秘鲁	27	61.22	57.00	53.66	71.32	65.06	59.05
罗马尼亚	28	61.19	57.06	54.51	66.80	71.94	55.63
特立尼达和多巴哥	29	61.11	58.31	55.16	67.76	64.60	59.71
马其顿	30	60.90	58.59	53.42	66.41	66.62	59.46
牙买加	31	60.84	63.97	53.53	61.37	65.33	59.98
拉脱维亚	32	60.72	62.91	55.95	67.02	82.09	35.63
瓦努阿图	33	60.48	81.71	55.09	72.01	68.90	24.71
阿曼	34	60.47	55.52	52.65	67.87	64.75	61.58

续表

国家	综合投资风险		分项投资风险得分				
	排名	得分	政治风险	经济风险	金融风险	社会风险	双边关系
菲律宾	35	60.46	63.48	54.38	71.15	51.60	61.69
卡塔尔	36	60.44	51.44	63.74	67.53	67.43	52.05
文莱	37	60.14	55.57	59.59	72.17	73.10	40.25
佛得角	38	59.87	68.87	51.73	66.19	52.60	59.94
阿尔巴尼亚	39	59.00	58.10	52.66	66.38	57.91	59.94
南非	40	58.95	58.64	52.86	67.45	54.96	60.83
博茨瓦纳	41	58.86	60.54	54.86	73.13	74.26	31.53
纽埃	42	58.85	81.71	56.49	69.27	67.42	19.35
圭亚那	43	58.81	57.09	52.70	68.36	55.99	59.91
科威特	44	58.74	46.39	60.81	72.82	53.19	60.50
库克群岛	45	58.54	81.71	57.75	67.98	65.19	20.09
塞尔维亚	46	58.54	53.71	53.87	65.51	60.09	59.54
希腊	47	58.46	65.45	55.15	58.65	57.21	55.86
加纳	48	58.46	62.65	53.34	68.48	50.59	57.23
密克罗尼西亚联邦	49	58.05	81.71	54.94	71.46	61.86	20.28
哥斯达黎加	50	57.96	55.92	54.56	67.79	71.61	39.93
蒙古	51	57.22	57.84	52.42	49.11	63.27	63.43
所罗门群岛	52	57.13	81.71	52.80	72.31	55.47	23.34
巴林	53	57.13	52.47	54.43	64.91	62.16	51.65
印度尼西亚	54	57.12	55.83	53.78	66.27	48.86	60.88
越南	55	56.75	46.47	54.79	69.11	51.89	61.51
哈萨克斯坦	56	56.69	52.48	54.53	60.08	58.52	57.85
摩洛哥	57	56.38	54.33	52.93	68.92	45.93	59.76

续表

国家	综合投资风险		分项投资风险得分				
	排名	得分	政治风险	经济风险	金融风险	社会风险	双边关系
阿根廷	58	56.35	55.52	53.40	63.24	49.39	60.17
格鲁吉亚	59	56.33	36.13	52.40	61.51	71.54	60.05
泰国	60	56.21	45.57	55.99	71.58	47.21	60.69
塞舌尔	61	55.81	53.24	51.99	66.58	67.65	39.60
巴拿马	62	55.75	61.07	54.29	59.47	66.83	37.10
巴巴多斯	63	55.56	49.59	53.84	62.04	56.51	55.81
突尼斯	64	55.51	54.82	50.95	65.03	47.11	59.67
波黑	65	55.37	58.62	53.86	66.69	58.26	39.42
亚美尼亚	66	55.35	35.67	53.30	62.82	64.99	59.99
斯里兰卡	67	55.07	52.57	53.17	64.29	44.94	60.37
柬埔寨	68	54.79	42.69	52.84	69.39	51.56	57.50
坦桑尼亚	69	54.62	44.30	53.48	68.71	45.20	61.43
沙特阿拉伯	70	54.52	47.17	56.43	76.61	53.94	38.44
摩尔多瓦	71	54.49	42.89	52.33	66.73	50.99	59.49
黑山	72	54.38	58.62	49.94	52.88	70.68	39.76
巴布亚新几内亚	73	54.21	45.12	57.75	65.87	55.36	46.97
埃及	74	54.17	48.40	52.68	67.71	41.72	60.33
土耳其	75	54.04	43.86	55.01	64.02	47.56	59.74
厄瓜多尔	76	53.92	46.14	52.99	64.58	45.58	60.32
俄罗斯	77	53.78	32.25	54.92	71.01	51.27	59.44
多米尼克	78	53.75	49.59	47.80	66.20	64.85	40.33
尼泊尔	79	53.72	56.19	53.65	70.90	47.83	40.04
吉尔吉斯斯坦	80	53.53	41.03	52.20	62.97	46.36	65.09
玻利维亚	81	53.53	46.66	52.66	69.98	38.54	59.80

续表

国家	综合投资风险		分项投资风险得分				
	排名	得分	政治风险	经济风险	金融风险	社会风险	双边关系
乌兹别克斯坦	82	53.49	41.03	54.45	72.20	39.04	60.75
加蓬	83	53.45	41.10	54.95	68.27	40.88	62.05
阿塞拜疆	84	53.36	28.85	55.91	69.44	52.96	59.64
莱索托	85	53.36	58.64	51.26	69.46	47.86	39.56
伊朗	86	53.31	36.91	54.20	74.09	40.41	60.97
冈比亚	87	53.30	53.63	52.21	67.31	56.74	36.61
尼日利亚	88	53.21	43.57	52.90	71.28	41.04	57.24
孟加拉国	89	52.88	52.42	54.25	71.20	36.84	49.67
纳米比亚	90	52.69	63.08	52.27	66.68	61.70	19.71
卢旺达	91	52.68	44.30	52.01	66.06	69.21	31.79
白俄罗斯	92	52.32	38.74	53.91	66.17	51.19	51.58
乌克兰	93	51.97	41.59	53.04	63.73	41.42	60.07
老挝	94	51.94	42.69	52.69	64.95	37.95	61.41
塔吉克斯坦	95	51.19	41.03	54.37	64.39	34.34	61.80
肯尼亚	96	51.18	56.33	52.53	66.60	52.69	27.77
多米尼加	97	51.03	52.61	54.82	66.73	61.10	19.91
埃塞俄比亚	98	50.97	40.44	53.58	65.24	35.10	60.51
科摩罗	99	50.92	50.44	52.72	71.30	39.23	40.92
马达加斯加	100	50.87	53.24	53.12	70.52	36.72	40.73
津巴布韦	101	50.55	35.31	52.03	64.70	40.34	60.35
东帝汶	102	50.16	43.41	52.24	66.80	47.33	41.04
利比里亚	103	50.10	43.11	48.64	67.64	39.64	51.44
巴基斯坦	104	50.05	45.15	52.49	66.15	29.18	57.29
安提瓜和巴布达	105	49.95	49.59	52.42	64.43	63.00	20.30

续表

国家	综合投资风险		分项投资风险得分				
	排名	得分	政治风险	经济风险	金融风险	社会风险	双边关系
赞比亚	106	49.79	47.14	53.41	62.88	64.30	21.21
马尔代夫	107	49.72	52.57	47.45	67.10	41.28	40.22
古巴	108	49.65	49.32	53.11	67.88	37.68	40.24
阿尔及利亚	109	49.49	45.81	50.09	75.13	28.33	48.07
刚果（布）	110	49.48	45.52	44.89	66.46	27.80	62.75
缅甸	111	49.31	38.90	54.22	70.63	23.26	59.52
格林纳达	112	49.05	49.59	50.79	67.59	37.71	39.55
赤道几内亚	113	48.79	38.61	52.16	64.72	31.63	56.85
塞内加尔	114	48.77	48.22	53.00	65.67	36.00	40.98
马里	115	48.57	31.29	53.32	68.89	29.58	59.79
布基纳法索	116	48.37	48.82	53.37	69.48	38.56	31.62
乌干达	117	48.22	38.91	53.03	68.57	60.66	19.95
贝宁	118	48.15	42.51	53.06	68.72	34.87	41.57
苏里南	119	48.07	56.51	52.11	66.50	45.37	19.85
萨尔瓦多	120	47.78	55.26	53.19	60.57	50.10	19.79
吉布提	121	47.18	35.86	56.05	67.56	34.51	41.88
布隆迪	122	47.15	44.30	49.35	66.07	36.22	39.81
多哥	123	47.13	36.07	53.74	69.13	32.50	44.22
科特迪瓦	124	47.02	39.53	54.00	67.25	34.27	40.06
圣多美和普林西比	125	47.01	38.61	49.95	66.20	48.51	31.80
塞拉利昂	126	46.91	48.68	49.22	66.68	36.87	33.13
安哥拉	127	46.73	44.17	53.49	64.77	28.44	42.75
马拉维	128	46.52	49.70	50.31	67.18	45.56	19.87

续表

国家	综合投资风险		分项投资风险得分				
	排名	得分	政治风险	经济风险	金融风险	社会风险	双边关系
伊拉克	129	46.50	39.82	55.97	62.66	25.85	48.20
毛里塔尼亚	130	46.47	41.77	51.91	65.54	35.27	37.86
尼加拉瓜	131	46.08	37.76	53.14	64.81	54.98	19.70
莫桑比克	132	45.93	47.65	49.53	61.63	29.99	40.86
几内亚	133	45.91	39.23	54.26	70.40	27.50	38.13
阿富汗	134	45.05	41.03	49.43	68.81	26.09	39.88
喀麦隆	135	45.01	36.11	53.59	68.61	29.50	37.25
厄立特里亚	136	44.86	33.39	56.75	67.56	25.97	40.61
苏丹	137	44.81	23.88	48.42	64.88	25.94	60.96
黎巴嫩	138	44.22	39.25	47.66	54.22	40.04	39.90
尼日尔	139	43.77	41.57	51.33	66.55	27.31	32.09
也门	140	42.14	24.53	51.45	63.58	29.83	41.30
几内亚比绍	141	41.58	41.97	52.36	68.87	24.90	19.81
南苏丹	142	41.23	34.76	50.26	65.54	23.37	32.20
乍得	143	41.00	34.76	50.80	67.70	23.66	28.08
利比亚	144	40.05	31.26	48.19	80.36	20.17	20.25
叙利亚	145	39.32	26.13	52.56	58.93	18.50	40.48
刚果（金）	146	37.40	23.60	52.89	70.30	18.78	21.42
索马里	147	36.90	19.12	54.35	67.22	21.65	22.16
中非共和国	148	36.31	27.86	51.83	68.36	13.50	19.99
委内瑞拉	149	35.94	26.46	41.41	56.21	14.81	40.82

注：得分越高表示投资安全程度越高，那么风险就越低，反之得分越低表示风险越高。本研究的这个处理方式参考了 ICRG 等主流风险评级机构的方法。

三、"一带一路"投资的国别风险评估

我们对 149 个共建"一带一路"国家的投资风险进行了测算和排序，从中我们可以看出一些什么重要的信息呢？下面我们还需要基于测算和排序做一些基本的评估与分析。

（一）"一带一路"投资的国别风险评估

从国别风险水平来看，从 2016 年至 2020 年，149 个共建"一带一路"国家中投资风险综合水平最低的 10 个国家分别是：卢森堡、新加坡、新西兰、马耳他、奥地利、爱沙尼亚、韩国、塞浦路斯、捷克、斯洛伐克；投资风险最高的 10 个国家分别是：委内瑞拉、中非、索马里、刚果（金）、叙利亚、利比亚、乍得、南苏丹、几内亚比绍、也门。由此我们可以看出，风险较低的国家主要是中东欧国家以及新加坡等发达国家，而风险较高的国家主要是亚非地区的不发达国家或受战争影响的国家。在共建"一带一路"国家中，发达国家的整体投资风险明显低于发展中国家，卢森堡、新加坡、新西兰等发达国家的投资风险等级排名最靠前，风险最低。这与中国社会科学院世界经济与政治研究所 2020 年发布的《中国海外投资国家风险评级报

告(2020)》的结果比较一致,其中卢森堡在该研究所的排名中也被排在风险最低的第一位。

表 3-3 投资风险最低的 10 个共建"一带一路"国家及其风险排名

国家	综合风险	政治风险	经济风险	金融风险	社会风险	双边关系风险
卢森堡	1	12	1	73	8	69
新加坡	2	14	2	115	2	25
新西兰	3	1	8	28	1	113
马耳他	4	13	11	88	6	59
奥地利	5	11	6	135	10	71
爱沙尼亚	6	18	17	53	4	67
韩国	7	32	9	12	9	52
塞浦路斯	8	15	16	126	13	38
捷克	9	23	18	75	5	65
斯洛伐克	10	17	33	125	14	43

表 3-3 显示,综合投资风险最低的 10 个国家在政治、经济、社会三个维度的风险也非常低,经济风险、社会风险和政治风险的排名都基本上居前 20 位之内。同时,我们也注意到,金融风险和与中国的双边关系并没有表现出高度一致的特征,而是出现了比较大的分化。比如,在金融风险方面,韩国非常低,排第 12 位,但奥地利和塞浦路斯则很高,分别排第 135 位和第126 位。在双边关系方面,新西兰的对华关系排名跌出共建国家前 100 位,居第 113 位,即使是在这方面风险最低的国家,也只是排在第 43 位,具有较大的提升潜力。对于这些经济风

险、社会风险、政治风险、金融风险都比较低的国家而言，促进其加深与中国的双边关系发展，对于进一步提升投资风险防范水平、推进高质量共建"一带一路"发展具有重要意义。

需要特别说明的是，综合风险排第一位的卢森堡，其在经济发展方面的表现也排名第一。我们选择的经济风险相关指标包括人均 GDP、GDP 增速、年通货膨胀率、预算余额占 GDP 的比重、经常账户余额占 GDP 的比重等能够代表一国宏观经济发展水平的指标。卢森堡在各方面的表现都很好，譬如说卢森堡是世界上最富裕的国家，卢森堡人均 GDP 多年蝉联世界第一，其中 2020 年的人均 GDP 为 10.96 万美元，高居世界第一位，统计数据表明，2021 年卢森堡的人均 GDP 更是高达13.57 万美元。卢森堡的其他相关指标的表现也都很好，譬如说其人均寿命为 82 岁，内部冲突很少，通货膨胀率很低。但是，卢森堡与我国的关系排名却不高，居第 69 位，还有很大的提升空间。

表 3-4 投资风险最高的 10 个共建"一带一路"国家及其具体排名情况

国家	综合风险	政治风险	经济风险	金融风险	社会风险	双边关系风险
委内瑞拉	149	144	149	146	148	91
中非	148	143	124	51	149	140
索马里	147	149	54	71	144	132
刚果（金）	146	148	95	26	146	133
叙利亚	145	145	106	144	147	95

续表

国家	综合风险	政治风险	经济风险	金融风险	社会风险	双边关系风险
利比亚	144	141	144	1	145	138
乍得	143	137	131	62	141	128
南苏丹	142	136	134	105	142	122
几内亚比绍	141	109	112	42	140	145
也门	140	146	127	124	127	86

从表 3-4 中可以看出，投资风险最高的 10 个国家，无论是政治风险、经济风险、社会风险，还是双边关系风险，排名都比较靠后，因此风险较大。但在金融风险方面，却出现了分化的情况，比如说利比亚在金融维度排在第一位，可能很多人觉得难以理解，主要原因在于利比亚的外汇储备可支付进口的月份数这一指标得分最高，2016—2020 年平均值为 51.54 个月，沙特阿拉伯居第二位，为 29.01 个月，其他国家一般都低于 10 个月（图 3-2），因此利比亚的金融风险就最低了。这是否有道理呢？我们在选择与金融风险相关的指标时，参考了知名风险评级数据库 ICRG 的指标，用这一指标来反映相对流动性风险比率，表明有多少个月的进口可以用外汇储备来融资，是有道理的；其他的 4 个指标即外债总额占 GDP 的比重、外债还本付息总额占商品和服务出口的百分比、经常账户余额占商品和服务出口的百分比、汇率波动，也都是 ICRG 和其他权威机构所使用的金融相关指标。

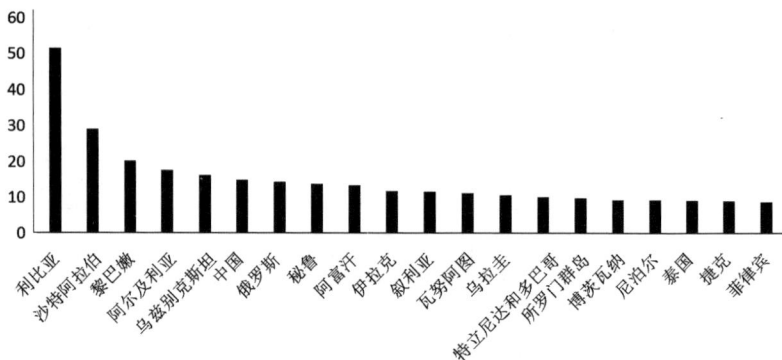

图 3-2　国际流动性风险最低的 20 个共建"一带一路"国家

(外汇储备可支付进口的月份数)(2016—2020 年平均值)

当然，仅靠一个维度的表现并不能保证其总体投资风险的低水平，因此我们最终得出的利比亚的综合投资风险还是很高，因为该国的政治风险、经济风险、社会风险都很高，尤其是其政治和安全局势比较差，这导致利比亚经济重建缓慢，经济增长、国际收支、通货膨胀等方面的情况都比较差。

(二)国别投资风险的动态变化特征

本研究测算了 2016—2020 年的国别投资风险，目的是测算不同年度投资风险的变化情况，动态跟踪风险变化，分析变化原因，预测未来风险情况。以下分别从风险得分与排序的动态变化视角探究共建"一带一路"国家风险变化特征。

从 2016—2020 年的动态变化趋势来看，超过半数的共建国家(83 个，占比 55.7%)的综合投资风险得分呈上升趋势，即这些国家的综合投资风险在下降。[①] 图 3-3 显示，巴布亚新几内亚的得分增长幅度最大，从 2016 年的 50.41 增加到 2020 年的 56.66，增加了 6.25 分，综合投资风险降低幅度较大。得分增加幅度较大的还有巴林、哈萨克斯坦、几内亚、毛里塔尼亚、圣多美和普林西比、赤道几内亚 6 个国家，这些国家的综合投资风险得分增长均超过 5 分。希腊、白俄罗斯、乍得、卢旺达、冈比亚、加纳、埃塞俄比亚、意大利、保加利亚等国家的得分增长幅度超过 4 分，也即这些国家的综合投资风险在近些年正在下降，整体趋势向好。与此同时，有 66 个国家（占比 44.3%）的综合投资风险得分出现了不同程度的下滑，其中马尔代夫的综合风险得分降低幅度最大，超过 6 分，从 2016 年的 51.54 下降到 2020 年的 45.17。斐济、所罗门群岛、黑山、利比亚、斯里兰卡、赞比亚、安提瓜和巴布达、多米尼克、马里、黎巴嫩、委内瑞拉、多米尼加 12 个国家的综合风险得分下降超过 3 分，即这些国家的综合投资风险在不断增大。以下从 149 个共建"一带一路"国家综合风险排序及其细分风险分析角度，挖掘风险变化的原因。

---

① 此处需要再次强调的是，本研究基于 2016—2020 年 149 个国家，使用面板归一化方法进行投资风险得分测算，由此得到的得分结果在不同年度内可比。

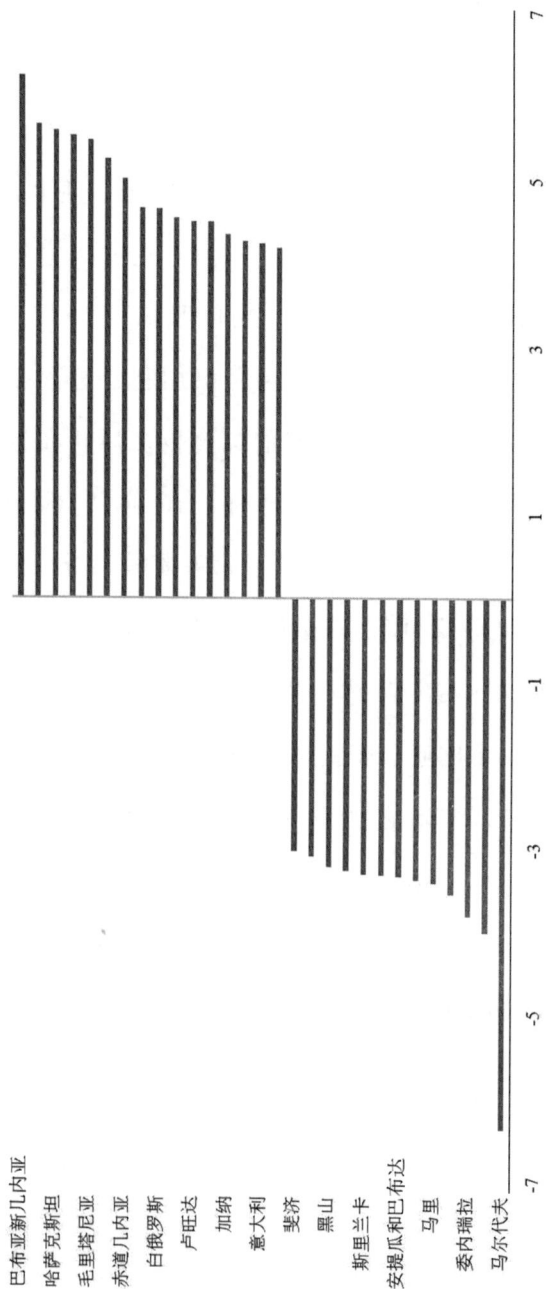

图 3-3　部分共建"一带一路"国家的综合投资风险水平得分变化情况（2016—2020）

首先，从排序来看，表3-5显示，在149个共建"一带一路"国家中，5年间投资风险排名下降的有76个国家，其中马尔代夫、斯里兰卡、多米尼克、黑山的排名下降超过30位，特别是马尔代夫从2016年的第89位下降到2020年的第134位，下降了45位，风险增加幅度非常大。

表3-5 2020年相对于2016年的综合风险水平排名变化情况

国家	排名变化	国家	排名变化	国家	排名变化
马尔代夫	−45	匈牙利	−8	厄立特里亚	5
斯里兰卡	−34	莱索托	−7	科威特	5
多米尼克	−32	秘鲁	−7	波兰	7
黑山	−32	缅甸	−7	马耳他	7
多米尼加	−29	塞浦路斯	−7	古巴	8
马里	−28	厄瓜多尔	−6	捷克	8
安提瓜和巴布达	−27	马来西亚	−6	俄罗斯	9
赞比亚	−27	蒙古国	−6	加蓬	9
所罗门群岛	−23	南非	−6	卡塔尔	9
牙买加	−23	越南	−6	文莱	9
斐济	−22	科摩罗	−5	伊拉克	9
伊朗	−22	斯洛伐克	−5	奥地利	11
玻利维亚	−21	委内瑞拉	−5	博茨瓦纳	12
格林纳达	−20	科特迪瓦	−4	几内亚	12
乌兹别克斯坦	−19	利比亚	−4	塞内加尔	12
佛得角	−17	泰国	−4	布基纳法索	13
塞舌尔	−17	北马其顿	−3	吉布提	13
阿尔巴尼亚	−16	菲律宾	−2	罗马尼亚	13
黎巴嫩	−16	圭亚那	−2	沙特阿拉伯	13
特立尼达和多巴哥	−16	塔吉克斯坦	−2	阿联酋	14

续表

国家	排名变化	国家	排名变化	国家	排名变化
柬埔寨	−15	印度尼西亚	−2	立陶宛	14
库克群岛	−15	韩国	−1	马拉维	14
摩尔多瓦	−15	南苏丹	−1	乌克兰	15
吉尔吉斯斯坦	−14	新加坡	−1	亚美尼亚	15
阿曼	−13	新西兰	−1	阿尔及利亚	16
布隆迪	−13	也门	−1	葡萄牙	16
尼加拉瓜	−13	喀麦隆	0	瓦努阿图	16
尼泊尔	−13	突尼斯	0	巴拿马	17
萨摩亚	−13	刚果（金）	1	塞拉利昂	18
苏里南	−13	塞尔维亚	1	毛里塔尼亚	19
坦桑尼亚	−12	安哥拉	2	孟加拉国	19
波黑	−11	刚果（布）	2	阿塞拜疆	20
摩洛哥	−11	基里巴斯	2	尼日利亚	21
莫桑比克	−11	几内亚比绍	2	加纳	22
纳米比亚	−11	卢森堡	2	拉脱维亚	23
老挝	−10	苏丹	2	保加利亚	24
马达加斯加	−10	索马里	2	肯尼亚	24
密克罗尼西亚联邦	−10	乌干达	2	圣多美和普林西比	24
萨尔瓦多	−10	中非	2	希腊	24
阿富汗	−9	叙利亚	3	意大利	24
纽埃	−9	巴巴多斯	3	埃及	25
汤加	−9	多哥	3	埃塞俄比亚	26
智利	−9	格鲁吉亚	3	赤道几内亚	26
巴基斯坦	−8	津巴布韦	3	白俄罗斯	28
贝宁	−8	乌拉圭	3	冈比亚	30
哥斯达黎加	−8	爱沙尼亚	4	卢旺达	30
克罗地亚	−8	尼日尔	4	哈萨克斯坦	33

续表

国家	排名 变化	国家	排名 变化	国家	排名 变化
利比里亚	−8	乍得	4	巴林	35
斯洛文尼亚	−8	阿根廷	5	巴布亚新几内亚	44
土耳其	−8	东帝汶	5		

注：负数表示排名下降，投资风险增大；正数表示排名上升，投资风险相对降低。

表 3-6　马尔代夫投资风险变化情况

风险要素	2016 年排名	2020 年排名	排名变化
综合投资风险指数	89	134	−45
1. 政治风险	51	76	−25
1.1 政府稳定性	73	134	−61
1.2 外部冲突	6	18	−12
1.3 腐败控制	44	89	−45
1.4 民主问责	59	64	−5
1.5 官僚质量	46	56	−10
2. 经济风险	136	148	−12
2.1 人均 GDP	45	51	−6
2.2 GDP 增速	21	149	−128
2.3 年通货膨胀率	39	8	31
2.4 预算余额占 GDP 的比重	140	148	−8
2.5 经常账户余额占 GDP 的比重	145	149	−4
3. 金融风险	41	114	−73
3.1 外债总额占 GDP 的比重	44	120	−76
3.2 外债还本付息总额占货物和 服务出口的比重	23	78	−55
3.3 经常账户余额占商品和服务 出口的比重	116	133	−17

风险要素	2016 年排名	2020 年排名	排名变化
3.4 外汇储备可支付进口的月份数	121	92	29
3.5 汇率波动	35	40	−5
4. 社会风险	98	117	−19
4.1 内部社会冲突	56	93	−37
4.2 法制稳定	82	74	8
4.3 对外国资本和人员流动的限制	145	147	−2
4.4 劳动力市场管制	74	73	1
4.5 营商环境	96	108	−12
5. 双边关系风险	80	113	−33
5.1 是否签订双边投资协定	87	87	0
5.2 对华限制情况	1	3	−2
5.3 贸易依存度	69	83	−14
5.4 投资依存度	93	90	3
5.5 免签情况	1	1	0

从表 3-6 中马尔代夫细分的风险要素及其对应的排名变化可以看出，从 2016 年到 2020 年政治风险排名从 51 名下降到 76 名，其中政府稳定性和腐败控制排名是下降幅度较大的，分别从 2016 年的第 73 位和第 44 位下降到 2020 年的第 134 位和第 89 位。一方面，马尔代夫处于宪政和民主化改革初期，政权变动频繁。受政权更迭、政党纷争等因素影响，政局一度动荡不安。另一方面，马尔代夫的政治腐败情况日趋严重，根据透明国际 2021 年发布的全球清廉指数，马尔代夫被列为极端腐败国

家，相比于 2020 年清廉指数排名下降了 10 位。在对马尔代夫投资过程中，外资往往不得不遵从向政府部门行贿的潜规则，这种寻租成本加大了跨国投资者的经营成本和投资风险。从经济风险排名变化来看，虽然总体上变化不大，但是 GDP 增速排名从 2016 年的第 21 位下降到 2020 年的第 149 位，下降了 128 位。根据世界银行 WDI 数据库公布的数据，2019 年马尔代夫 GDP 增速为 6.88%，2020 年急剧下降到 -33.50%（图 3-4），这可能是旅游业受到新冠肺炎疫情的显著影响所致。

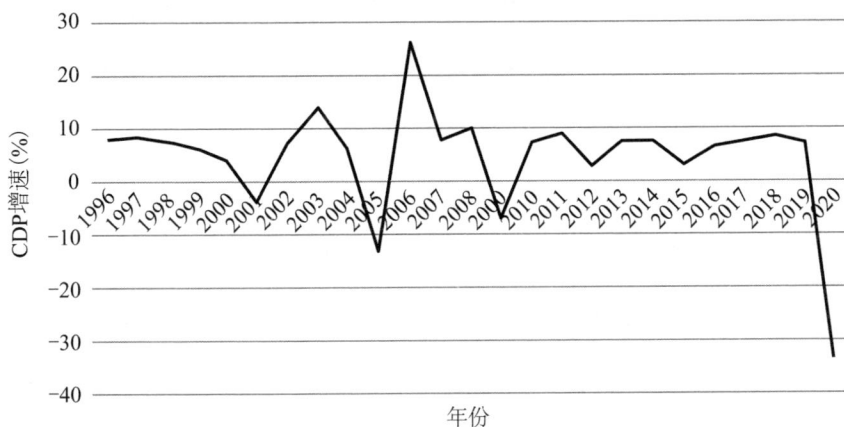

图 3-4 1996—2020 年马尔代夫 GDP 增速变化情况

数据来源：世界银行 WDI 数据库。

从 2016 年到 2020 年，马尔代夫社会风险增加最明显的是内部社会冲突。据《外交官》杂志网站 2022 年 3 月 23 日报道，马尔代夫的反对党人士在 3 月 19 日举行了"印度滚出去"（India Out）的抗议集会活动。反对党强调，如果他们能在明年的选举中再度上台执政,新政府将"取消和印度的所有协议",马尔代夫的政治内斗正在不断加剧,这将直接加大我国对其投资风险。马尔代夫地理位置十分重要,是中国企业"走出去"和推进共建"一带一路"不可忽略的一个国家,因此中国对马尔代夫进行建设投资是必要的,但其投资风险还在增大,中国必须做好充分的分析和预判,防范投资风险。

在149个共建"一带一路"国家中,排名上升最多的国家是巴布亚新几内亚(简称"巴新")。这个南太平洋岛国,2016年综合风险排名第100位,2020年上升到第56位,排名上升了44位,投资风险大幅降低。表3-7列示了该国2016年和2020年综合投资风险及细分维度风险的排名变化情况。政治风险和社会风险变化不大,经济风险因为GDP增速的快速下降(从2016年的5.49%下降到2020年的-3.5%)而有所增加。排名上升幅度较大的是偿债能力和对华关系,前者排名从2016年的第126位上升到2020年的第47位,这主要得益于其外债总额和偿债占比不断下降,以及汇率波动性有所降低。在对华关系方面,排名从2016年的第114位上升到2020年的第22位,上升了92位,这主要得益于其在对华限制和免签情况方面的巨大改善。

表 3-7 巴布亚新几内亚投资风险变化情况

风险要素	2016 年排名	2020 年排名	排名变化
综合投资风险指数	100	56	44
1. 政治风险	97	98	−1
1.1 政府稳定性	112	118	−6
1.2 外部冲突	69	76	−7
1.3 腐败控制	76	80	−4
1.4 民主问责	99	99	0
1.5 官僚质量	46	56	−10
2. 经济风险	9	21	−12
2.1 人均 GDP	93	92	1
2.2 GDP 增速	34	71	−37
2.3 年通货膨胀率	117	103	14
2.4 预算余额占 GDP 的比重	100	115	−15
2.5 经常账户余额占 GDP 的比重	1	5	−4
3. 金融风险	126	47	79
3.1 外债总额占 GDP 的比重	131	106	25
3.2 外债还本付息总额占货物和服务出口的比重	137	63	74
3.3 经常账户余额占商品和服务出口的比重	1	3	−2
3.4 外汇储备可支付进口的月份数	42	80	−38
3.5 汇率波动	126	92	34
4. 社会风险	66	64	2
4.1 内部社会冲突	82	133	−51
4.2 法制稳定	107	104	3

风险要素	2016 年排名	2020 年排名	排名变化
4.3 对外国资本和人员流动的限制	41	35	6
4.4 劳动力市场管制	28	11	17
4.5 营商环境	85	87	－2
5. 双边关系风险	114	22	92
5.1 是否签订双边投资协定	1	1	0
5.2 对华限制情况	146	3	143
5.3 贸易依存度	39	40	－1
5.4 投资依存度	7	4	3
5.5 免签情况	88	1	87

"中国全球投资追踪"数据库资料显示，2016 年中国对巴布亚新几内亚投资超过 1 亿美元的项目有 3 个，其中广东省广晟资产经营有限公司就弗里达河铜矿开采 18 亿美元的投资项目被搁置，之后的 5 年没有失败项目出现，巴新不再有对华限制的大型项目。而在对华免签情况方面，2019 年 5 月 2 日生效的双方免签文件显示，巴方对中方外交、公务、公务普通护照以及中方对巴方外交、公务护照免签，两国外交关系进一步加深。除此之外，近年来，巴布亚新几内亚更加重视与亚洲国家特别是中国的合作，积极参与共建"一带一路"。2018 年 5 月，巴新成为亚洲基础设施投资银行的成员国。同年 6 月，巴新与中国签署关于共同推进"一带一路"建设的谅解备忘录，成为太平洋岛国中首个共建"一带一路"国家。在 2019 年 4 月召开的第二届

"一带一路"国际合作高峰论坛期间，巴新与中国签署了《关于共同推进"一带一路"建设的合作规划》。

需要注意的是，近年来，南太平洋地区地缘政治竞争加剧，美国、澳大利亚、日本、新西兰等国纷纷调整战略，加强对该地区的影响。2017年，美国政府推出印太战略。2018年亚太经济合作组织峰会期间，美国宣布将联合澳大利亚，重建巴新马努斯岛军事基地；美国、澳大利亚、日本、新西兰共同宣布投入17亿美元，帮助巴新建立多个电力和网络设备，以使2030年时巴新电力供应所覆盖人口比重从2018年的13%扩大至70%。2018年，美国与日本、澳大利亚合作，试图针对华为公司在巴新建设一个大型互联网基础设施项目的方案提出反要约。在炒作"中所安全协议"以后，美国和澳大利亚想到了一个"牵制中所条约"的新目标——加强澳大利亚与巴新的关系。据澳大利亚《悉尼晨报》2022年4月27日报道，美国国务院负责东亚和太平洋事务的助理国务卿康达（Daniel Kritenbrink）称，美国希望扩大与巴新的安全合作。此外，澳大利亚也一直在寻求加强与巴新的安全关系。澳大利亚希望加强与巴新的关系还涉及本国选举议题。在此前中国与所罗门群岛签订安全协议后，澳大利亚工党指责澳大利亚自由党"对华软弱"，并也设立了加强与太平洋岛国外交及军事交流的议程。事实上早在2019年，澳大利亚就通过承诺巨额投资拉拢巴新，意在与中国投资竞争，

《澳大利亚人报》网站2019年7月23日报道,澳大利亚总理斯科特·莫里森用2.5亿美元的电力投资承诺拉拢巴新。这一声明表明,澳大利亚政府为了使巴新和太平洋邻国不选择中国投资而采取的行动力度加大。澳大利亚承诺提供的这2.5亿美元将用于为巴新最大电网的电力项目提供补贴和低息贷款,可能还包括在巴新总理詹姆斯·马拉佩的家乡海拉省的希德斯地区新建一座燃气电厂。在承诺向巴新电力项目投入资金之前,澳大利亚在亚太经合组织会议上与美国、日本和新西兰一道做出承诺,将让电力和互联网服务覆盖70%的巴新人口。同时,我们也发现,"一带一路"倡议已经受到了大洋洲国家比较普遍的欢迎,继巴新和萨摩亚之后,汤加、瓦努阿图、库克群岛、纽埃和斐济等共11个国家也相继加入共建"一带一路"国家行列。

第四章 | "一带一路"投资问题项目追踪

较大的投资风险可能直接给投资企业带来重大损失，大型投资项目失败所带来的企业损失就更大。基于 CGIT 数据库，结合"一带一路"大型问题项目相关数据，本章主要是结合一些投资失败的典型案例，分析中国的"一带一路"大型投资问题项目的基本特征，为进一步提出投资风险防范对策提供借鉴。

一、"一带一路"大型投资问题项目特征

CGIT 数据库是目前唯一一个公开中国企业对外投资是否出现问题的数据库。按照这个数据库给出的定义，当非商务因素干扰商务投资协定导致项目搁浅时，该投资被视为问题项目①(Troubled Transactions)。项目搁浅主要缘于东道国政府中止投资或承包合同，如果中国企业投资或承包合同数额过大，使得东道国债务水平上升过快，产生影响东道国社会与政治的潜在可能，那这类投资项目较容易被认为掺杂非商业因素，而被东道国中止形成问题投资。② 该数据库为系统考察"一带一路"投资项目及其风险问题提供了难得的数据资料。我们以 2005 年 1 月至 2020 年 12 月"中国全球投资追踪"数据库所记录的 312 起问题项目③为线索，从中找出中国在共建"一带一路"国家投资失败的 148 个问题项目，并结合中国知网(CNKI)的中国

---

① Scissors D., "Private Data, Not Private Firms: The Real Issues in Chinese Investment,"American Enterprise Institute working paper, 2018.

② 金刚、沈坤荣:《中国企业对"一带一路"沿线国家的交通投资效应:发展效应还是债务陷阱》，载《中国工业经济》，2019(9)。

③ 美国传统基金会所说的问题项目是指投资被终止或停工的项目。

重要报纸全文数据库以及新闻财经网站资讯①进行问题项目分析。

　　CGIT 数据库显示，从 2005 年到 2020 年，中国对外直接投资过程中出现的大型问题项目共计 312 项，涉及项目投资金额 4028.9 亿美元，其中发生在共建"一带一路"国家的问题项目为 148 项，涉及项目投资金额 1944.5 亿美元。表 4-1 显示了每一年度问题项目的投资金额与数量分布情况，我们计算了每年问题项目发生在共建"一带一路"国家的比例。单从大型问题项目涉及金额及其出现数量来看，无论是总体还是共建国家，都存在先波动上升后下降的态势，问题项目出现的高峰期在 2010 年到 2016 年，问题项目数量大致维持在每年 20 项左右，其中 2016 年的数量最多，出现了 33 个大型问题项目。从共建"一带一路"国家的情况来看，平均每年发生 10 余项，但 2014 年高达 20 项。从投资金额来看，中国对外投资的大型问题项目涉及金额从 2010 年开始波动上升，到 2016 年达到 385.3 亿美元。不过，近几年问题项目的数量开始减少，涉及的金额也快速下降，2020 年总体上出现了 18 个大型问题项目，涉及金额 112.1 亿美元，甚至低于 2005 年的数字，其中有 3 个

---

　　① 在我国企业对外投资活动中，由于大型项目具有较大影响，其投资过程中的重大进展与相关活动一般都会被权威新闻媒体关注并报道，因此这些信息是可以从新闻报道中得到的。

项目发生在共建"一带一路"国家，涉及金额 27.5 亿美元，属于相对较低的情况。随着中国越来越重视高质量共建"一带一路"问题，大型问题项目发生的数量应该会持续减少。

表 4-1　中国对外投资大型问题项目发生数量及金额（2005—2020）

年份	金额—总体（亿美元）	金额—共建国家（亿美元）	共建国家金额占比（%）	项目数—总体	项目数—共建国家	共建国家项目数占比（%）
2005	185.0	0.0	0.0	1	0	0.0
2006	347.6	346.2	99.6	9	8	88.9
2007	169.0	127.0	75.1	12	8	66.7
2008	294.9	43.2	14.6	13	3	23.1
2009	349.9	73.8	21.1	17	7	41.2
2010	210.9	106.6	50.5	21	13	61.9
2011	376.6	260.3	69.1	25	14	56.0
2012	206.4	161.9	78.4	23	16	69.6
2013	176.8	102.1	57.7	17	10	58.8
2014	254.6	157.7	61.9	25	20	80.0
2015	322.1	185.4	57.6	23	13	56.5
2016	385.3	47.1	12.2	33	5	15.2
2017	198.7	59.0	29.7	31	11	35.5
2018	320.1	195.1	60.9	27	10	37.0
2019	118.9	51.6	43.4	17	7	41.2
2020	112.1	27.5	24.5	18	3	16.7

资料来源：CGIT 数据库。

观察表 4-1 和图 4-1 所示的发生在共建国家的问题项目金额和数量占比情况，2006 年占比较高，一共 9 个问题项目，共建

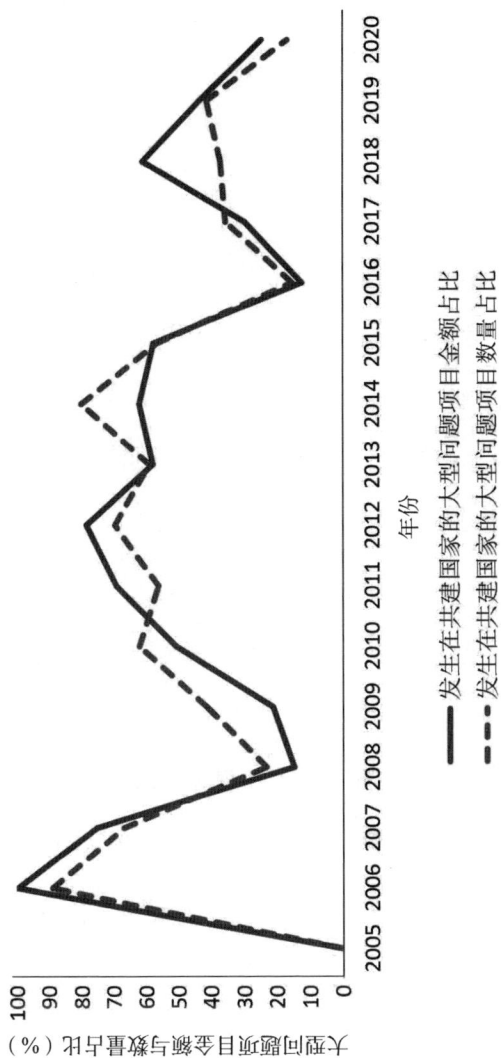

图 4-1 发生在共建"一带一路"国家的大型问题项目金额与数量占比（2005—2020）

国家占了 8 个。之后这一比重开始降低，2007 年的项目数量占比为 66.7%，涉及金额 127 亿美元，占 75.1%。2008 年在 13 个大型问题项目中，共建国家仅有 3 个，不过从 2009 年开始这一比例有所提高，2012 年达到最高，23 个问题项目中，共建国家占了 16 个，占比接近七成，涉及金额接近八成，达 78.4%，然后这一比例开始下降，到 2016 年只有 15.2% 的问题项目来自共建国家，涉及金额占比也仅仅略高于 10%，为 12.2%。2020 年共计 18 个问题项目，共建国家有 3 个，涉及金额占比 24.5%。很显然，近几年共建国家的问题项目占比有所下降。

表 4-2 显示了中国对外投资的重大问题项目所属行业分布情况，能源、金属和交通行业占比较高，涉及项目金额 2669.3 亿美元，占比达到 66.33%，接近三分之二的问题项目分布在这 3 个行业。具体来看，能源领域的投资规模最大，有 86 个项目被终止或投资失败，涉及金额 1407.3 亿美元，占比 34.97%；其次是金属类有 49 个问题项目，涉及金额 701.7 亿美元，占比 17.44%；交通类有 55 个问题项目，涉及金额 560.3 亿美元，占比 13.92%。投资在共建"一带一路"国家的重大问题项目所在行业类型与总体情况基本相近，表 4-3 显示，能源、交通和金属行业同样是共建"一带一路"问题项目出现最多的行业，项目个数总计 118 项，占比 79.73%，涉及金额 1594 亿美元，占比 81.97%。从占比情况来看，"一带一路"投

资重大问题项目的行业分布更加集中，这可能与"一带一路"投资行业更集中在能源、金属和交通行业有关，这 3 个行业也是"一带一路"投资风险防范更应该关注的行业。

表 4-2 中国对外投资重大问题项目的行业分布情况(2005—2020)

投资行业	项目数量及比重		投资金额及比重	
	项目数量	比重(%)	投资金额(亿美元)	比重(%)
能源	86	27.56	1407.3	34.97
金属	49	15.71	701.7	17.44
交通	55	17.63	560.3	13.92
金融	27	8.65	409.6	10.18
技术	26	8.33	287.0	7.13
房地产	20	6.41	215.6	5.36
农业	11	3.53	132.9	3.30
其他	12	3.85	87.7	2.18
旅游	8	2.56	75.0	1.86
娱乐	7	2.24	71.4	1.77
物流	4	1.28	46.0	1.14
化学	2	0.64	19.8	0.49
健康	4	1.28	7.7	0.19
公共事业	1	0.32	1.9	0.05

资料来源：CGIT 数据库。

表 4-3 中国对共建"一带一路"国家投资重大问题项目行业分布情况(2005—2020)

投资行业	项目数量及比重		投资金额及比重	
	项目数量	比重(%)	投资金额(亿美元)	比重(%)
能源	60	40.54	934.6	48.06
交通	34	22.97	398.0	20.47

续表

投资行业	项目数量及比重		投资金额及比重	
	项目数量	比重（%）	投资金额（亿美元）	比重（%）
金属	24	16.22	261.4	13.44
房地产	11	7.43	137.2	7.06
农业	4	2.70	68.8	3.54
技术	3	2.03	64.0	3.29
化学	2	1.35	19.8	1.02
旅游	2	1.35	17.0	0.87
物流	2	1.35	14.9	0.77
金融	2	1.35	13.7	0.70
其他	2	1.35	11.2	0.58
健康	1	0.68	2.0	0.10
公共事业	1	0.68	1.9	0.10
总计	148	100	1944.5	100

资料来源：CGIT 数据库。

从国别分布来看，2005—2020 年问题项目涉及的国家或地区有 90 个，其中有 66 个是共建"一带一路"国家（详见附表 4-1 和附表 4-2）。表 4-4 显示了金额排名前 10 位的国家或地区。从中可以看出，2005—2020 年，中国对美国的投资失败项目最多，为 47 个，金额达 719.8 亿美元；其次是澳大利亚，失败项目为 36 个，涉及金额 537.3 亿美元；英国、加拿大也是中国投资失败较多的国家。在排在前 10 位的国家或地区中，利比亚、菲律宾和越南三国为共建"一带一路"国家，失败项目数分别为 8 个、6 个和 6 个，涉及金额分别为 126.6 亿美元、68.6 亿美元和

34.4 亿美元。

表 4-4 中国对外投资重大问题项目金额规模前 10 位的国家或地区

排序	国家或地区	项目数	金额（亿美元）
1	美国	47	719.8
2	澳大利亚	36	537.3
3	英国	13	107.2
4	加拿大	8	89.8
5	利比亚	8	126.6
6	德国	7	162.8
7	以色列	7	73.5
8	中国台湾	7	43.8
9	菲律宾	6	68.6
10	越南	6	34.4

资料来源：CGIT 数据库。

二、"一带一路"大型投资问题项目案例

以史为鉴，总结从 2005 年到 2020 年这 16 年的大型问题项目出现的问题与原因，对于规避投资风险具有重要借鉴意义。表 4-5 是 2005—2020 年发生的涉及金额居前 10 位的大型问题项目的情况，涉及的东道国有澳大利亚、美国、伊朗、德国、俄罗斯、委内瑞拉、尼日利亚、阿根廷 8 个国家，其中伊朗、俄罗斯、委内瑞拉、尼日利亚、阿根廷 5 个国家为共建"一带一

表 4-5 2005—2020 年大型问题项目金额最高的 10 个项目情况

项目序号	时间	投资企业	投资金额（亿美元）	行业	东道国	是否共建国家	项目信息
1	2005 年 7 月	中海油	180	能源	美国		并购优尼科
2	2006 年 9 月	中海油	160	能源	伊朗	是	北帕尔斯气田开发协议
3	2006 年 11 月	中国铁建	75	交通	尼日利亚	是	尼铁现代化项目
4	2008 年 8 月	中国国家开发银行	139	金融	德国		收购德国德累斯顿银行
5	2009 年 6 月	中铝集团	195	金属	澳大利亚		入股力拓
6	2011 年 11 月	中海油	71	能源	阿根廷	是	收购 BP 持有的泛美能源公司
7	2014 年 1 月	中信集团	69	金属	澳大利亚		中信澳矿项目
8	2015 年 1 月	中国中铁	75	交通	委内瑞拉	是	承建委内瑞拉北部平原蒂纳科—阿纳科铁路
9	2016 年 8 月	国家电网	75	能源	澳大利亚		收购澳大利亚国家电网
10	2018 年 5 月	中国华信	91	能源	俄罗斯	是	入股俄罗斯石油公司

资料来源：CGIT 数据库。

路"国家。涉及金额最大的问题项目是 2009 年 6 月中铝集团入股力拓失败案例，涉及投资金额 195 亿美元。其次是 2005 年 7 月中海油竞购美国优尼科公司事件，涉及金额 180 亿美元。

项目案例一：中海油并购优尼科

21 世纪初，中国企业开始以"竞购者"的身份出现在海外收购市场，这一阶段的标志性交易是 2005 年中海油试图并购美国优尼科石油公司（以下简称"优尼科"）的交易。在该交易中，尽管中海油和优尼科在其公开出售交易流程的前期就有过接触，但因中海油内部决策时间拖延，优尼科和另一竞购方美国雪佛龙石油公司（以下简称"雪佛龙"）率先宣布达成合并交易。因此，中海油要想继续保持并购优尼科的可能性，就必须报出更高的价格。于是中海油报出了 180 亿美元的现金报价，高出雪佛龙 164 亿美元（40 亿美元现金加 124 亿美元雪佛龙股票）初始报价不少。接到中海油报价后，优尼科通知雪佛龙，并要求雪佛龙考虑提价。雪佛龙作为美国第二大石油公司，深谙并购交易中的竞购之道。雪佛龙声称一家受中国政府控制的公司并购一家在美国有重要地位和作用的美国石油公司（优尼科在美国石油公司中排第 9 位）将给美国带来国家安全问题，并发动政治游说，在美宣扬中海油并购优尼科的国家安全风险，要求美国政府对中海油的并购行为进行审查，同时呼吁美国国会对中海油并购优尼科的可能性进行听证。就在中海油和优尼科的并购谈判不断深入之际，雪佛龙除了打出"国家安全牌"之外，还提高了自己对优尼科的报价，修改后的报价超过了 170 亿美元，缩小了与中海油报价之间的差距。优尼科在综合考虑交易完成的确定性、交易完成的时间表和两家竞购方的报价差距后，选择了与雪佛龙达成并购交易，而中海油在做出综合评估后，宣布撤回对优尼科的报价。

这一竞购事件并没有因中海油的退出而尘埃落定，相反在全球并购市场上产生了深远的影响。首先，全球并购市场开始重视中国企业，一个甚少被西方媒体知晓的中国企业现金报价并购一家在美国有重要地位的石油公司，让海外市场意识到中国企业的实力；其次，中国企业也开始意识到在全球并购交易的竞购战中，除了交易对价，交易的确定性、交易的时间表也在竞购成功中扮演着重要角色；最后，中国企业也首次对海外并购中的分手费、反向分手费、董事信义责任、监管审批风险，国有企业跨境收购中的国家安全风险等重要问题有了认识和了解。

项目案例二：中海油开发伊朗北帕尔斯气田项目

2006 年 9 月，中海油和伊朗政府签署合同，开发伊朗的北帕尔斯气田。根据双方最初协议，中国企业将对北帕尔斯气田开发项目的上下游领域进行投资，计划工期 8 年，投资总额预计超过 160 亿美元。其中，110 亿美元将被用于下游领域开发，其余将被用于上游领域开发。这份协议将使中海油每年获得从伊朗购买 1000 万吨液化天然气的权利，有效期为 25 年。2011 年 10 月，伊朗政府以中海油在北帕尔斯气田开发项目上进展缓慢为由而叫停了该项目。

项目案例三：尼铁现代化项目

中国铁建下属中国土木工程集团有限公司（以下简称"中土公司"）与尼日利亚交通部正式签订了尼日利亚铁路现代化项目（拉各斯—卡诺段）的实施合同，尼铁现代化项目于 2006 年 10 月 30 日签署，尼日利亚时任总统奥巴桑乔主持了签字仪式，总合同额为 83 亿美元，打破了当时中国海外工程项目单体合同额最高纪录，备受关注。该项目签约后，受尼日利亚政府换届、金融危机、石油价格波动、资金短缺等因素影响，项目启动及实施几经波折。2008 年，尼日利亚交通部来函要求该项目暂时停工。经过多次磋商，双方同意保留尼日利亚铁路现代化项目原合同，为缓解业主资金压力，项目采取分段实施的方法，先期启动阿布贾至卡杜纳和拉各斯至伊巴丹段的建设。停工的原因为尼日利亚政府对大型项目投资需要重新审核和规划；另外，中土公司在尼日利亚的铁路项目原来的业主代表已经变更为尼日利亚交通部长，需要承担的责任主体发生变更，因此尼日利亚交通部需要重新对该项目进行审定。正是由于上述变化，该合同需要重新界定合同范围。我国海外工程承包市场自 2006 年以来爆发式扩大，施工管理能力和技术能力迅速提升的中国建筑企业利用较低的人工成本优势，获得了大量的海外项目合同。不过，在我国对外工程承包蓬勃发展之时，一些政治经济因素，可能给相关企业带来不确定性因素。

项目案例四：国开行收购德国德累斯顿银行

2008 年 8 月，中国国家开发银行（简称"国开行"）有意并购德国保险巨头安联保险集团（Allianz SE）旗下的德累斯顿银行（Dresdner Bank）。国开行一直谋求在投资银行等专业领域有所发展，以改变其单纯为政府项目提供贷款的角色。美国金融危机爆发后，德累斯顿银行出现巨额亏损，其下属的投资银行部门出现了超过 25 亿欧元的资产减持，因此安联保险集团就考虑将该银行出售或者并购。德累斯顿的计划是将其零售银行业务部门和投资银行部门进行分拆出售。据报道，国开行原来只是对该银行的投资银行部门有兴趣，但在德累斯顿银行价值连续缩水之后，国开行开始有意并购包括零售银行在内的全部业务。据德累斯顿银行网站上的介绍，该银行于 2001 年被安联保险集团以 235 亿欧元收购，成为安联全资子公司，为德国第三大银行。但受美国金融危机的影响，净收益大幅下滑。尽管如此，该银行的市场价值仍然不可小觑，因为它的总资产价值高达 5000 亿欧元，有超过 1000 个分支机构，以及 630 万零售客户。德国安联保险集团经过考虑后，最终于 2008 年 8 月 31 日宣布，以 98 亿欧元的价格将德累斯顿银行出售给德国商业银行，德国商业银行因此而成为德国第一大银行，安联保险集团也因此成为德国商业银行最大的股东。这同时也意味着国开行竞购德累斯顿银行没能成功。

项目案例五：中铝集团并购力拓(Rio Tinto)

2009 年 2 月 12 日，中国铝业公司与力拓集团通过伦敦证券交易所和澳大利亚证券交易所发布联合公告，中国铝业公司与力拓集团签署战略合作协议，中国铝业公司以 195 亿美元投资力拓集团，其中约 72 亿美元用于认购力拓集团发行的可转债，债券的票面净利率为 9%。中国铝业公司可在转股期限内的任何时候选择转股。转股后，中国铝业公司对力拓集团整体持股比例将由 9.3% 增至约 18%。其中，持有力拓英国公司的股份增至 19%，持有力拓澳大利亚公司的股份达到 14.9%。2009 年 2 月 16 日，中铝和力拓的"联姻"新增变数。据外媒报道，力拓部分机构投资者向必和必拓摇起了"橄榄枝"，称如果必和必拓发起新一轮对力拓的收购，他们将提供融资。英国媒体引述力拓主要股东说法称，必和必拓收购力拓资产，比中铝收购更为理想。2009年3月17日，中铝195亿美元注资力拓的交易再生波澜，澳大利亚外国投资审查委员会（FIRB）于16日在澳大利亚证券交易所发布公告，称将延长对中铝与力拓195亿美元交易的审查时间，在原定30天审查期的基础上再增加90天。2009年3月26日，澳大利亚竞争和消费者委员会（ACCC）明确表示，将不反对中国铝业公司注资力拓的交易，原因是这一交易不会降低全球铁矿石的价格。中铝方面随即表示，ACCC的此项宣布意味着此次交易向着通过所有相关法律审批迈出了重要一步，并对ACCC的决定表示欢迎。2009年3月27日，中国银行新闻发言人对外披露，中国银行等国内四家银行将依据市场化操作的商业性贷款条件，向中国铝业公司提供约210亿美元的贷款额度，用以支付中国铝业公司对力拓集团的投资对价和其他有关本次投资的资金需求。2009年3月29日，中国铝业公布2008年业绩，该公司2008年利润总额下跌917%，净利润仅为923万元，同比下滑99.91%，被港媒称为"最差蓝筹H股"，中铝高层则称不影响收购力拓。2009年4月2日，德国政府放行中铝注资力拓，这是继澳大利亚反垄断部门批准后，该交易获得的第二个权威部门的认可。但是，中铝注资力拓需要获得中国商务部反垄断局、澳大利亚外国投资审查委员会、澳大利亚竞争和消费者委员会、美国外国投资委员会以及德国联邦竞争法主管局共 5 个权威机构的认可。2009 年 5 月 15 日，中国铝业公司与力拓公司宣布已获得美国外国投资委员会对力拓拟向中铝发行可转债以及中铝对肯尼科特犹他铜业公司进行间接少数股权投资交易的批准。中铝与力拓共同向美国外国投资委员会提交了一份自愿就相关交易接受审查的通知。不过，2009 年 6 月 5 日，中国铝业公司确认，力拓集团董事会已明确表示将依据双方签署的合作与执行协议向中铝支付 1.95 亿美元的分手费。

备受关注的中铝—力拓合作案最终由交易双方出面证实以分手告终。中铝确认，力拓集团董事会已撤销对双方 195 亿美元交易的推荐，并将依协议向中铝支付 1.95 亿美元的分手费。造成这一结果的，不是澳大利亚政府不批准，而是原先承诺同意并且力挺中铝注资的力拓公司自己改变了决策，属于典型的出尔反尔、单方面撕毁协议的行为。

项目案例六：中海油收购 BP 持有的泛美能源公司

2011 年 11 月，中海油称，其合营企业布里达斯公司（Bridas Corporation）收购阿根廷油气资产的交易已经终止。中海油占一半权益的布里达斯公司原计划以约 71 亿美元向英国石油公司（BP）收购阿根廷泛美能源公司（Pan American Energy, PAE）60％的权益，由于先决条件尚未达成，有关交易期限至

11月1日届满。交易终止后，布里达斯公司将按照原先的合作管理模式，继续保持其在阿根廷泛美能源公司的参与。一是英国石油公司的合作态度出现转变，在交易和签字过程中令布里达斯公司产生诸多不满。阿根廷泛美能源公司于2010年11月与布里达斯公司达成协议，出售阿根廷泛美能源公司60%的权益给布里达斯公司，借以筹集450亿美元支付墨西哥湾赔偿金。而随着后来国际油价的不断上涨，英国石油公司的合作态度逐渐发生改变，出售泛美能源公司资产的积极性下降，这引起布里达斯公司的不满，从而导致收购失败。二是阿根廷政府对国外企业收购本国油气资源持谨慎态度，审核较为严格，导致双方的收购迟迟未能通过审查，较大的政治风险影响了此次收购。

中海油此次交易的主要目的是提高其油气产量，增加其油气储备。泛美能源公司是阿根廷第二大石油和天然气生产商，在南美拥有储量丰富的油气资源，如果能够达成收购，有助于提高中海油的油气日产量。中国企业在阿根廷收购油气资源存在以下风险：一是政治风险，这突出表现在资源民族主义的情绪加大了阿根廷政府对国外公司收购本国油气资源的审查力度，提高了收购的难度，收购成本也随之上升；二是市场风险，阿根廷政府对油气价格实行管制，这必然影响企业收购后的收益以及相关的成本，企业的经营风险随之提高。

项目案例七：中信澳矿项目

中信澳矿项目位于西澳大利亚州久负盛名的皮尔巴拉地区，为澳大利亚比较大的磁铁矿开采和运营项目，也是中国在澳大利亚比较大的单一投资项目。2013年12月2日，中澳铁矿项目生产的第一批铁精粉开始装运，原计划投资42亿美元的项目，投资额已增加到110亿美元；原计划2009年建成投产，实际延期了4年；原计划建成6条生产线，实际仅仅完成了2条生产线。建成也仅仅是个开始，建成当年，国际铁矿石价格从140美元/吨一路下跌，2014年国际市场平均铁矿石销售价格为70～80美元/吨，2015年曾一度跌至50美元/吨，而中信澳矿项目每吨成本在80～100美元。作为项目的生产运营者，中信泰富每生产1吨铁精粉，就亏损30美元左右，中信集团在2014财年总结上表示，对中澳铁矿做出14亿至18亿美元的减值拨备。除此之外，2014年，中信泰富与Mineralogy公司实际控制人克里夫·鲍尔默（Clive Palmer）纠纷不断。2017年，澳大利亚高等法院就中信泰富中澳铁矿项目的专利案做出了判决，中信泰富需向Mineralogy公司赔偿2亿澳元；此外，还要在未来30年每年向Mineralogy公司支付一定的特许使用费。

项目案例八：中国中铁承建委内瑞拉蒂纳科—阿纳科铁路

2009 年 7 月 30 日，中国中铁股份有限公司委内瑞拉分公司和委内瑞拉国家铁路局签署了关于承建委内瑞拉北部平原蒂纳科—阿纳科铁路的合同。根据这项合同，中铁公司负责蒂纳科—阿纳科铁路工程的设计、采购和施工工作，双方还将成立货车车辆组装厂、轨枕生产厂、道岔组装厂和钢轨焊接厂共 4 个合资工厂，中方将对委方进行技术转让，对主要管理人员和技术人员进行培训。该项目采用中国的技术标准，主要工程材料、机车车辆、工程设备和施工设备从中国进口。该项目合同总金额为 75 亿美元，是委内瑞拉在非石油领域签署的金额最高的一项合同。项目从中国与委内瑞拉联合融资基金获得融资。蒂纳科—阿纳科铁路全长 471.5 千米，横贯委内瑞拉北部科赫德斯、瓜里科、阿拉瓜和安索阿特吉 4 个州，为双线电气化铁路，预计 2012 年完工。这项工程有望创造 1000 个直接就业岗位和 5400 个间接就业岗位，铁路建成后每年可运送 580 万人次乘客和 980 万吨货物。工程完工后将与其他铁路线形成网络，最终实现委内瑞拉建设 13600 千米长、贯通东西南北的铁路网的目标。

2009—2010 年，正值世界处于高油价时期，委内瑞拉国内政治经济情况良好，委方预付款的支付保障了项目资金。但

2011年以后，国际油价持续走低，委内瑞拉政府前期基础设施建设项目开工过多，国内基础设施建设严重缺乏配套资金。在这种情况下，中国中铁利用EPC合同优势，不断优化项目施工管理，降低建设资金需求。自2011年起，随着项目资金压力的增大，施工组织开始进入"量入为出"、均衡生产阶段。直至2015年，委方开始拖欠工费，后来就只能逐渐停工了。2016年，委内瑞拉的外汇储备跌至新低水平，而当时的通货膨胀率高达700%左右。很显然，这条高铁的停工完全是由委内瑞拉的资金短缺造成的。后来，当地一些居民抢走了发电机、电脑、空调和铜线、金属壁板等，还破坏了建筑物。委内瑞拉较高的经济风险和金融风险，直接导致这一项目被搁置。

项目案例九：中国国家电网收购澳大利亚国家电网

2016年8月19日，时任澳大利亚财长莫里森公布了最后的结果，拒绝中国国家电网公司和香港长江基建收购澳大利亚国家电网（Ausgrid）50.4%的股份。此前，莫里森在公开声明中提出，澳大利亚国家电网向澳大利亚企业和政府提供重要电力和通信服务，涉及国家安全，之所以拒绝两家来自中国的企业收购，正是基于"违背国家利益""威胁国家安全"的理由。这是国家电网在澳大利亚收购电网公司的第二次遇阻。这宗高达75亿美元的收购，在竞购阶段就只有国家电网和长江基建。不管哪一家竞购成功，都将获得澳大利亚国家电网 50.4％的股份，并能够在后续的经营中获取长期稳定的收入。此前，国家电网同样参与澳大利亚新南威尔士州另一家电力公司 TransGrid 公司的竞购，但最终也是因为澳大利亚外国投资审查委员会基于国家安全的考虑而被终止，最终该公司被澳大利亚、加拿大、中东国家组成的财团买走。可见，这些失败案例最主要是受到了政治风险的影响。

项目案例十：中国华信入股俄罗斯石油公司

2017 年，俄罗斯石油公司宣布，将其 14.16％的股份出售给中国华信，交易价格为 91 亿美元。预计这笔交易完成后，瑞士嘉能可公司（Glencore）将继续持有 0.5％、卡塔尔主权基金（QIA）继续持有 4.7％的俄罗斯石油公司股份。在宣布收购俄罗斯石油公司股份后，中国华信一时成为市场明星，但随后受到较多质疑。2018 年 5 月 4 日，嘉能可发布消息称，该公司同 QIA 合资的财团 QHG Oil 已经通知中国华信，终止向其出售俄罗斯石油公司 14.16％股份的协议。

尽管中国华信收购俄罗斯石油公司股份以失败告终，但这并不意味着中俄能源合作遭遇重大挫折。相反，这笔交易过程中暴露出的一些问题，有助于中俄能源合作走得更稳，避免更大的损失。从俄罗斯石油公司股份交易的整个过程来看，参与俄罗斯资本市场游戏具有很大风险。俄罗斯企业的市值往往低于其内在价值,这是俄罗斯独特的政治和商业环境导致的。特别是在西方制裁的情况下,资本和资金流动受到严格限制。中国华信以溢价的方式入股俄罗斯石油公司,但又无法以低成本获得融资完成交易,这证明了俄油股份价值的巨大风险。另外,中俄油气合作仍应该以项目开发和实物贸易为主,将合作落到实处。自 2014 年俄罗斯受到西方制裁以来,俄罗斯"转向东方",促进了中俄两国的合作。俄罗斯大幅提高了对华原油供应量,俄罗斯已经成为中国原油进口的最大来源地,亚马尔 LNG 项目顺利投产,中俄东线天然气管道已经通气,中俄两国在油气装备和工程服务领域的合作也在加深。从中俄能源合作的历程来看,具体项目的投资合作更加稳妥,风险更小,但对企业专业水平的要求也更高。总之,中俄油气合作具有广阔的前景,双方在资源开发、新技术引进和市场开拓等领域还有很大的潜力可挖。

第五章 | "一带一路"投资风险防范

前述章节梳理了"一带一路"国别、区域时空演化特征，构建了 149 个共建"一带一路"国家的投资风险指标体系，并就国别投资风险进行了测算与评估，就投资风险引致的重点问题项目进行了分析。本章试图结合前面关于国家投资风险和问题投资项目的研究，进一步分析投资风险防范的重点国别、重点风险和重点项目，并提出相关建议，以更好地防控"一带一路"投资风险，推进共建"一带一路"可持续高质量发展。

一、重点防范国家风险

我们前面已分析了中国对 149 个共建"一带一路"国家的投资分布特征。这里，我们将 2020 年中国对共建"一带一路"国家的投资规模纳入风险分析框架，绘制"投资规模—国别风险"散点图，如图 5-1 所示。我们尝试以"投资规模—国别风险"为分析框架，探讨如何进行投资的区位选择以合理且最大化地规避风险，提高风险防范效果。

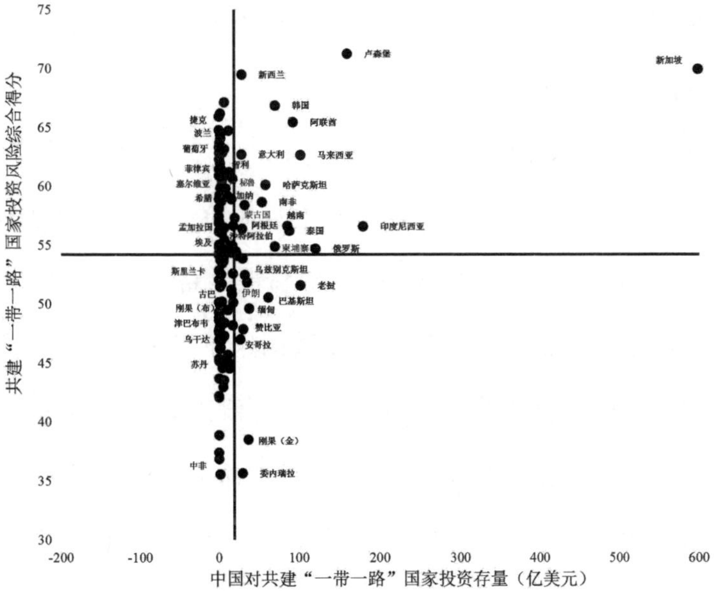

图 5-1　中国对共建"一带一路"国家的投资存量

与国家投资风险综合得分(2020)

  图 5-1 中的横轴是中国对共建"一带一路"国家的投资存量，纵轴代表的是共建"一带一路"国家综合风险得分，横纵轴交叉点位于两者的均值，2020 年中国对 149 个共建"一带一路"国家投资存量的平均值为 18.74 亿美元，共建"一带一路"国家综合风险得分均值为 54.20。由此，"投资—风险"关系被划分为 4 个象限：第一象限是投资规模和风险得分均高于平均值的区域，目前中国投资较多、风险较低的一些国家就落在这个区域；第二象限为投资规模较低同时投资风险也较低的区域，相对于投资风险而言，目前中国对这个区域的国家投资量太少；第三象限为投资规模小且风险较高的区域，因为风险高，所以对这个区域的国家投资少；第四象限为投资规模大但风险较高的区域，投资于这个区域里的国家的风险是比较高的。

  从散点图在纵轴分布的情况来看，55.7% 的国家投资风险综合得分低于均值，44.3% 的国家投资风险综合得分高于均值。然而从横轴分布来看，中国对共建"一带一路"国家投资存量分布呈现出地域非常集中的现象，多数国家位于第二、第三象限，这些国家吸引中国投资的存量低于平均值 18.74 亿美元，共计 119 个国家，数量占比达到 79.87%，然而从投资规模来看，这接近八成的共建国家吸引中国投资存量总计 481.16 亿美元，相比于总体投资存量 2792.11 亿美元，占比仅为 17.23%，即八成的国家吸引了不到二成的投资，超过八成的中国对共建国家的

投资集中在 20％的共建国家中。本书前面在分析中国对共建
"一带一路"国家的投资存量分布特征时，重点阐述了这一规模
与地域分布过度集中的现象。这里，我们绘制 2020 年中国对共
建"一带一路"国家投资存量的核密度图（图 5-2），更加清晰地显
示投资存量集中在少数国家的特征。

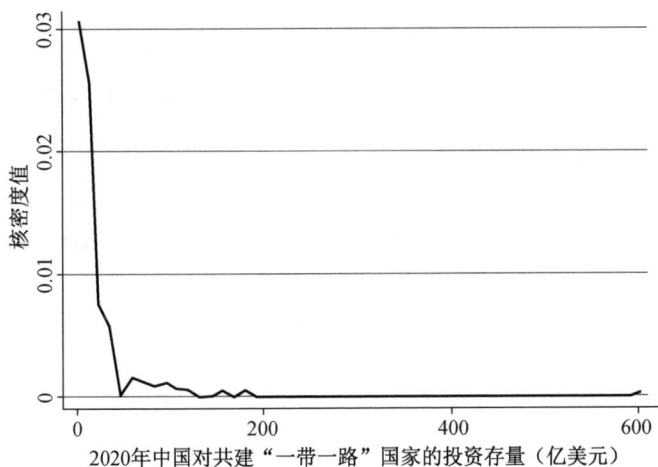

图 5-2 2020 年中国对共建"一带一路"国家投资存量的核密度

以下分别就"投资—风险"地区分布情况进行四象限分析，
以尝试找到规避风险的投资国别选择方案。

（一）如何防范第一象限东道国的投资风险

目前位于第一象限的共建"一带一路"国家有 19 个，中国对
这些国家具体的投资存量的数据以及这些国家的投资风险得分
见表 5-1。这些国家所在象限的"投资—风险"表现出"高—低"分
布的特性，这意味着处于第一象限国家的投资风险总体是比较

低的，因此目前吸引的中国投资规模也就比较大。总体而言，这些国家具有比较好的投资前景。2020年，这些国家吸引的中国投资存量都排到了149个共建"一带一路"国家吸引中国投资存量的前30位，尤其是新加坡、印度尼西亚、卢森堡、俄罗斯和马来西亚排名前5位，中国对其投资规模均超过100亿美元。2020年，新加坡和卢森堡吸引中国的投资存量分别达到598.58亿美元和159.95亿美元，在共建国家中分别排在第1位和第3位，其国别风险分别排在第2位和第1位。

表5-1　位于第一象限的共建国家吸引中国投资的规模
与投资风险得分及其排序情况(2020年)

序号	国家	吸引中国投资存量（亿美元）	投资存量规模在共建国家中的排序	国家投资风险得分	投资风险在共建国家中的排序
1	新加坡	598.58	1	69.92	2
2	印度尼西亚	179.39	2	56.58	58
3	卢森堡	159.95	3	71.22	1
4	俄罗斯	120.71	4	54.66	71
5	马来西亚	102.12	5	62.62	22
6	阿联酋	92.83	7	65.41	8
7	泰国	88.26	8	56.20	62
8	越南	85.75	9	56.62	57
9	韩国	70.55	10	66.81	5
10	柬埔寨	70.39	11	54.86	69
11	哈萨克斯坦	58.69	13	60.10	35
12	南非	54.17	14	58.65	47

续表

序号	国家	吸引中国投资存量（亿美元）	投资存量规模在共建国家中的排序	国家投资风险得分	投资风险在共建国家中的排序
13	蒙古国	32.36	19	58.40	48
14	沙特阿拉伯	29.31	23	56.39	60
15	新西兰	28.68	24	69.46	3
16	意大利	28.48	25	62.68	21
17	肯尼亚	21.54	28	54.42	73
18	土耳其	21.52	29	54.21	78
19	阿根廷	19.93	30	57.30	52

图 5-3 显示了中国对新加坡和卢森堡的投资存量从 2007 年到 2020 年的变化趋势。从中可以看出，两个国家吸引中国投资规模表现出快速上升的趋势，尤其是新加坡上升势头更为明显。然而投资规模排名前 5 位的国家，并不都是投资风险相对较低的，比如印度尼西亚和俄罗斯的投资风险排名分别位于第 58 位和第 71 位，相对比较靠后，但中国对这两个国家的投资规模却挺大。

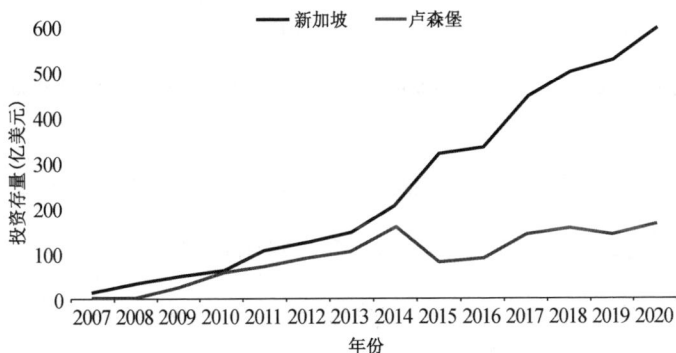

图 5-3 2007—2020 年中国对新加坡和卢森堡的投资存量及其变化情况

图 5-4 显示，在位于第一象限的投资规模低于 100 亿美元的 14 个共建国家中，阿联酋、韩国和新西兰的投资风险较低，排名分别为第 8 位、第 5 位和第 3 位。如果有合适的投资机会，应该考虑扩大对它们的投资规模。而泰国、越南、柬埔寨、沙特阿拉伯、肯尼亚、土耳其、阿根廷 7 个国家的投资风险排名都在 50 名之后，投资风险相对较高。在维持一定投资量的同时，要密切加强对投资风险的管理，注意规避风险。

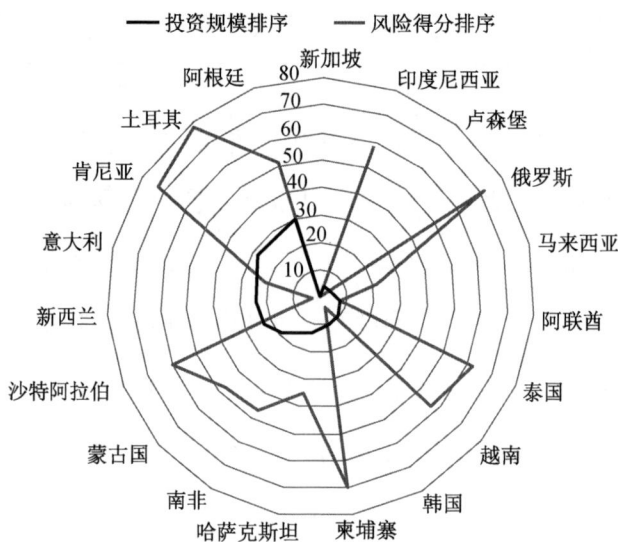

图 5-4 位于第一象限的共建国家的投资风险得分排序与吸引中国投资规模排序

从总体上看，中国企业投资于这一象限的 19 个共建"一带一路"国家，投资风险不大，如果有好的项目，可以继续考虑投资这些国家。下面，基于我们的研究，我们提出四点建议。

第一，如果仅仅考虑投资的国别选择的话，继续增加对新加坡和卢森堡的投资,风险仍然很低。

第二,可适当增加对新西兰、韩国、阿联酋和意大利的投资。相对于这四个国家的综合投资风险而言,目前的投资规模太小,还有很大投资空间。

第三,尽管土耳其、肯尼亚、柬埔寨、泰国的投资风险相对较高,但中国企业目前对这些国家的投资规模也不大,风险可控,今后新增投资须谨慎。

第四,由于俄乌冲突及其所带来的影响,我们需要对投资俄罗斯的策略进行更加深入的专题研究,仅仅依靠目前的一般意义上的分析,不足以做出有价值的投资判断。

需要特别指出的是,这只是我们进行国家风险分析后得到的基本判断,如果要做出真正的投资决策,还需要结合我们接下来要讨论的专项风险以及其他相关因素,仅凭国家风险分析结果是不全面的,也是不够的。

(二)如何防范第二象限东道国的投资风险

目前位于第二象限的共建"一带一路"国家共有 59 个(表 5-2),占共建"一带一路"国家总数的近 40％(39.6％)。[1] 这 59 个国家所在象限的"投资—风险"表现为"低—低"分布特征(图 5-5),这

---

[1] 我们讨论的是中国企业对其他共建"一带一路"国家的投资风险防范问题,因此就不包括中国自身。

意味着处于这一象限国家的投资风险总体是比较低的,但同时其吸引到的中国投资规模也比较小。2020年,吸引中国投资存量超过10亿美元的共建国家只有9个,分别是巴布亚新几内亚、孟加拉国、秘鲁、加纳、坦桑尼亚、智利、捷克、埃及和牙买加。其中超过17亿美元的国家仅有3个,巴布亚新几内亚吸引中国投资存量为17.85亿美元,孟加拉国和秘鲁吸引中国投资存量分别为17.11亿美元和17.05亿美元。而所罗门群岛、阿尔巴尼亚、爱沙尼亚、佛得角、库克群岛和纽埃6个国家吸引中国投资存量均未超过1000万美元。因此,对于处于这个象限的国家,总体而言,应该扩大投资规模,但针对不同国家在投资规模与投资风险得分方面的不同情况,具体的投资建议应该是有差异的。

表5-2 位于第二象限的共建国家吸引中国投资的规模
与投资风险得分及其排序情况(2020年)

序号	国家	吸引中国投资存量(亿美元)	投资规模在共建国家中的排序	国家投资风险得分	投资风险在共建国家中的排序
1	巴布亚新几内亚	17.85	32	56.66	56
2	孟加拉国	17.11	35	54.94	68
3	秘鲁	17.05	36	60.66	33
4	加纳	15.84	38	58.89	45
5	坦桑尼亚	15.41	40	54.35	75
6	智利	12.67	42	61.18	28
7	捷克	11.98	43	64.70	10

续表

序号	国家	吸引中国投资存量（亿美元）	投资规模在共建国家中的排序	国家投资风险得分	投资风险在共建国家中的排序
8	埃及	11.92	44	54.96	67
9	牙买加	11.31	47	59.15	43
10	科威特	8.49	49	59.80	39
11	菲律宾	7.67	50	60.96	30
12	格鲁吉亚	7.02	52	56.48	59
13	波兰	6.82	53	63.13	17
14	巴拿马	6.77	54	55.44	65
15	奥地利	6.75	55	67.10	4
16	特立尼达和多巴哥	6.34	58	59.83	37
17	卡塔尔	6.19	59	60.97	29
18	萨摩亚	4.50	65	62.83	19
19	塞舌尔	4.40	67	54.48	72
20	文莱	3.88	72	60.45	34
21	摩洛哥	3.83	73	55.99	64
22	匈牙利	3.42	75	62.89	18
23	罗马尼亚	3.13	77	61.32	27
24	塞尔维亚	3.11	78	58.72	46
25	圭亚那	2.57	82	59.93	36
26	克罗地亚	2.53	83	61.46	25
27	阿曼	2.37	84	59.44	40
28	塞浦路斯	2.03	85	64.03	12
29	博茨瓦纳	1.90	87	59.82	38
30	乌拉圭	1.85	89	64.31	11
31	斐济	1.83	91	60.88	31

序号	国家	吸引中国投资存量（亿美元）	投资规模在共建国家中的排序	国家投资风险得分	投资风险在共建国家中的排序
32	马耳他	1.73	93	66.14	6
33	卢旺达	1.71	94	54.23	77
34	保加利亚	1.56	96	61.93	24
35	瓦努阿图	1.29	102	63.51	14
36	希腊	1.26	103	59.22	42
37	斯洛伐克	0.83	107	63.69	13
38	巴林	0.71	109	59.23	41
39	哥斯达黎加	0.66	110	56.90	54
40	巴巴多斯	0.59	111	54.42	74
41	斯洛文尼亚	0.47	112	62.82	20
42	葡萄牙	0.46	113	63.34	15
43	基里巴斯	0.36	114	62.27	23
44	突尼斯	0.29	116	56.23	61
45	阿塞拜疆	0.25	119	55.01	66
46	波黑	0.23	121	54.79	70
47	冈比亚	0.19	122	54.27	76
48	北马其顿	0.17	124	60.88	32
49	拉脱维亚	0.17	125	61.41	26
50	密克罗尼西亚联邦	0.13	128	58.15	49
51	亚美尼亚	0.12	129	56.12	63
52	立陶宛	0.12	130	64.74	9
53	汤加	0.12	131	63.28	16
54	所罗门群岛	0.07	133	56.85	55
55	阿尔巴尼亚	0.06	134	57.06	53

续表

序号	国家	吸引中国投资存量（亿美元）	投资规模在共建国家中的排序	国家投资风险得分	投资风险在共建国家中的排序
56	爱沙尼亚	0.05	136	65.90	7
57	佛得角	0.03	141	58.05	50
58	库克群岛	0.00	146	57.44	51
59	纽埃	0.00	147	58.91	44

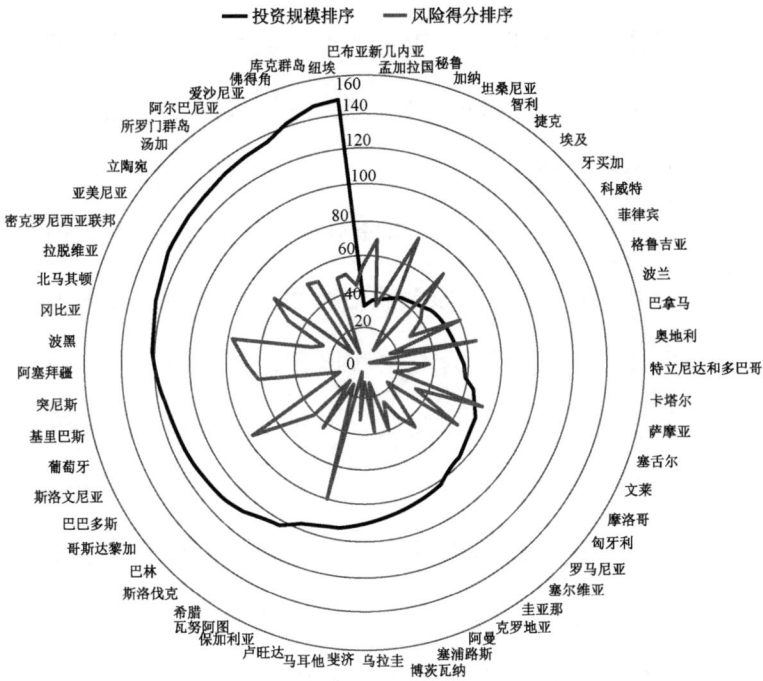

图 5-5 位于第二象限的共建国家吸引中国投资存量排序与风险得分排序

基于表 5-2，我们可以把位于第二象限的 59 个国家大致分为 4 种类型：类型 1——风险较低、投资较多的国家，如捷克、智利、秘鲁、科威特等国家；类型2——风险较低、投资较少的国家，主要有奥地利、马耳他、爱沙尼亚、乌拉圭、塞浦路斯、斯洛伐克、瓦努阿图、葡萄牙、汤加、波兰、匈牙利、萨摩亚、斯洛文尼亚、基里巴斯、保加利亚、克罗地亚、拉脱维亚、罗马尼亚、卡塔尔、菲律宾、斐济、北马其顿、文莱、圭亚那、博茨瓦纳、阿曼、希腊等国家[①]；类型3——风险相对较高、投资较少的国家，主要有卢旺达、冈比亚、巴巴多斯、波黑、阿塞拜疆、巴拿马、摩洛哥、亚美尼亚、突尼斯、所罗门群岛等国家；类型4——风险相对较高、投资相对较多的国家，主要有孟加拉国和埃及等国家。

基于以上关于国家层面的风险分析，我们提出三点建议。

第一，对于这59个国家，我们都可以考虑根据这些国家的需求适当增加投资量，因为对这些国家的投资总体上太少，而这些国家的投资风险相对比较低，因此中国对这一群体国家的投资潜力很大。

第二，对于这个群体里风险相对较高而投资存量也相对较多的国家，需要采取适当谨慎的态度。

第三，在总体增加对这类国家投资的情况下，优先考虑对

---

① 立陶宛在2020年也属于这类国家，但该国政府于2021年11月宣布允许中国台湾设立"驻立陶宛台湾代表处"，中方表示这严重违反一个中国原则，此后中立两国关系日渐紧张，投资风险肯定大幅上升，因此我们就不宜继续把立陶宛放在这类国家了。

我们以上提到的这个群体中的第二类国家增加投资，尤其是应该重视对奥地利、斯洛伐克、葡萄牙、波兰、匈牙利、保加利亚、克罗地亚、菲律宾、阿曼、希腊增加投资。

需要特别强调的是，这只是根据国家风险分析得出的基本结论，在实际操作过程中，还需要综合考虑其他因素，如我们接下来要讨论的专项风险以及其他因素。

以奥地利为例。奥地利的投资风险排名第 4 位，相对于其他共建国家，风险非常低，然而其吸引中国投资规模仅为 6.75 亿美元。奥地利作为欧洲大陆的心脏，有其独特的地理位置优势以及多元且成熟的资源环境。包括宝马、三星、北欧化工、山德士、中车、中兴通讯等在内，有超过 1000 家跨国公司选择了以奥地利为中心协调自身在南欧与东欧的业务。已经有超过 100 个中国投资者或机构在奥地利建立了实体。根据奥地利中国企业协会进行的一项关于奥地利商业信心的调查，近 80％的中国企业对奥地利的业务感到满意，并且有半数中国公司计划增加在奥地利的投资。因此，结合奥地利低风险的特征，未来可扩大投资规模。

(三)如何防范第三象限东道国的投资风险

目前位于第三象限的共建"一带一路"国家共有 60 个(表 5-3)，占共建"一带一路"国家总数的 40.27％。这 60 个国家所在象限的"投资—风险"表现为"低—高"分布特征，这意味着处于这一象限国家的投资风险总体是比较高的，因此其吸引到的中国投资规模比较小。很显然，中国对其投资增长不宜太快，并且对于已有投资项目应注重风险监控制度的建立，合理制定风险规避策略，将风险防范作为工作重点之一，最大化减少投资损失。

表 5-3　位于第三象限的共建国家吸引中国投资规模
与投资风险得分及其排序情况（2020 年）

序号	国家	吸引中国投资存量（亿美元）	投资规模在共建国家中的排序	国家投资风险得分	投资风险在共建国家中的排序
1	津巴布韦	17.96	31	50.13	102
2	吉尔吉斯斯坦	17.67	33	52.58	89
3	伊拉克	17.38	34	48.19	116
4	阿尔及利亚	16.44	37	50.83	98
5	塔吉克斯坦	15.68	39	51.21	97
6	莫桑比克	13.17	41	44.55	138
7	尼日尔	11.77	45	45.09	135
8	刚果（布）	11.31	46	49.49	106
9	苏丹	11.20	48	45.70	132
10	乌干达	7.12	51	48.41	115
11	科特迪瓦	6.67	56	47.30	125
12	乍得	6.55	57	43.51	140
13	白俄罗斯	6.07	60	53.86	82
14	厄瓜多尔	6.01	61	53.63	85
15	也门	5.41	62	42.95	141

续表

序号	国家	吸引中国投资存量（亿美元）	投资规模在共建国家中的排序	国家投资风险得分	投资风险在共建国家中的排序
16	斯里兰卡	5.23	63	53.61	86
17	几内亚	4.73	64	47.17	126
18	喀麦隆	4.43	66	44.66	136
19	尼泊尔	4.35	68	53.44	87
20	阿富汗	4.33	69	44.58	137
21	塞内加尔	4.27	70	49.48	107
22	马达加斯加	3.91	71	50.20	100
23	纳米比亚	3.55	74	51.71	94
24	赤道几内亚	3.36	76	49.71	104
25	马里	3.08	79	46.94	129
26	玻利维亚	2.88	80	52.49	90
27	加蓬	2.59	81	54.18	79
28	厄立特里亚	2.00	86	46.32	130
29	乌克兰	1.90	88	53.70	84
30	毛里塔尼亚	1.83	90	48.05	118
31	马拉维	1.73	92	48.19	117
32	利比里亚	1.69	95	48.72	112
33	利比亚	1.55	97	35.55	149
34	黑山	1.53	98	51.45	96
35	古巴	1.40	99	49.91	103
36	塞拉利昂	1.34	100	48.48	114
37	东帝汶	1.29	101	49.31	108
38	多哥	0.99	104	48.00	119
39	吉布提	0.99	105	48.73	111

序号	国家	吸引中国投资存量（亿美元）	投资规模在共建国家中的排序	国家投资风险得分	投资风险在共建国家中的排序
40	苏里南	0.92	106	46.20	131
41	贝宁	0.75	108	47.51	124
42	马尔代夫	0.34	115	45.17	134
43	格林纳达	0.27	117	47.54	123
44	南苏丹	0.26	118	42.06	143
45	几内亚比绍	0.24	120	43.67	139
46	莱索托	0.18	123	52.82	88
47	中非	0.15	126	36.84	147
48	叙利亚	0.14	127	38.86	144
49	布隆迪	0.11	132	46.95	128
50	尼加拉瓜	0.06	135	45.37	133
51	摩尔多瓦	0.04	137	54.12	80
52	安提瓜和巴布达	0.04	138	47.79	121
53	多米尼加	0.03	139	48.62	113
54	多米尼克	0.03	140	52.05	92
55	黎巴嫩	0.02	142	42.18	142
56	圣多美和普林西比	0.02	143	49.30	109
57	布基纳法索	0.02	144	48.84	110
58	科摩罗	0.01	145	50.14	101
59	萨尔瓦多	0.00	148	47.67	122
60	索马里	0.00	149	37.38	146

　　表5-3显示，这些国家主要是津巴布韦、吉尔吉斯斯坦、伊拉克、阿尔及利亚、塔吉克斯坦等国，其中津巴布韦吸引中国投资存量最高，但也仅为17.96亿美元。这一象限国家吸引

中国投资存量超过 10 亿美元的只有 9 个。而包括尼加拉瓜、摩尔多瓦、多米尼加、黎巴嫩等国家在内的 11 个国家，吸引中国投资存量甚至未超过 1000 万美元。这些国家的投资风险也相对较高。这一象限国家中风险相对较低也即得分相对较高的国家是加蓬，得分 54.18，排名第 79 位，摩尔多瓦排名第 80 位，其他国家排名均位于 80 名之后。利比亚、中非、索马里、叙利亚、南苏丹、黎巴嫩、也门和乍得 8 个国家的投资风险排名均在最后 10 位之列，其中利比亚排名第 149 位。这些国家的投资风险非常高，中国对其投资应该谨慎选择规避风险策略。对于这部分低规模投资的国家，谨慎选择扩张投资策略。

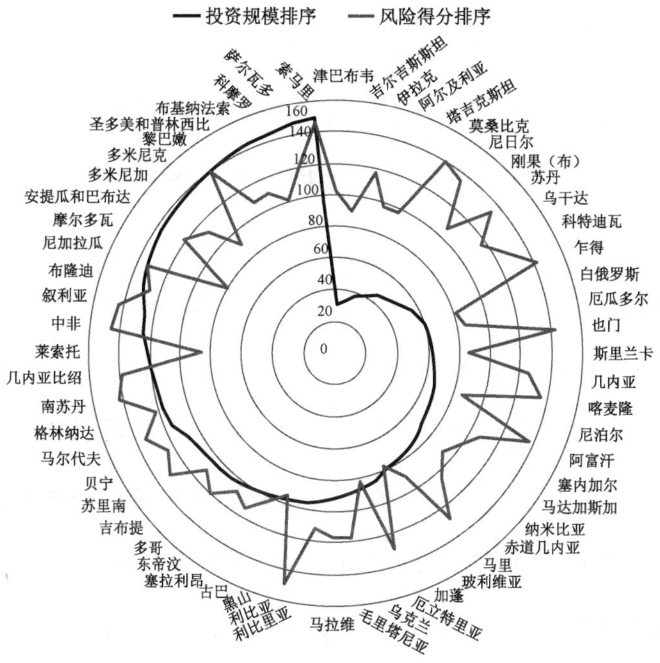

图 5-6 位于第三象限的共建国家吸引中国投资存量排序与风险得分排序

图 5-6 更加生动地显示出，位于第三象限的国家，无论是在吸引中国投资规模还是在风险得分方面，排序都比较靠后，是在中国对共建国家的投资中占比较小而风险又较高的国家。

综合来看，中国对第三象限国家的投资风险防范策略是：谨慎选择投资规模扩大策略，对于已有投资项目，建立起严密的风险防范体系，切实做好风险防范工作。

(四)如何防范第四象限东道国的投资风险

目前位于第四象限的共建"一带一路"国家共有 11 个(表 5-4)，占共建"一带一路"国家总数的 7.38％。这 11 个国家所在象限的"投资—风险"表现为"高—高"分布特征，这意味着处于这一象限国家的投资风险总体是比较高的，但中国对这些国家的投资规模却比较大。

如表 5-4 所示，位于第四象限的国家是老挝、巴基斯坦、缅甸、刚果(金)、伊朗、乌兹别克斯坦、赞比亚、埃塞俄比亚、委内瑞拉、安哥拉和尼日利亚 11 国，其中老挝吸引中国投资存量达到 102.01 亿美元，中国对其投资规模在共建国家中排在第 6 位，而其投资风险得分 51.57，在共建国家中排在第 95 位，属于高风险国家。根据亚洲开发银行预测，老挝的年平均通货膨胀率将在 2022 年跃升至 5.8％，2023 年仍将保持在 5.0％左

右,投资风险比较高。由于中国对这个国家的投资量已经比较
大了,因此也就提高了投资风险防范的迫切性。

表 5-4 位于第四象限的共建国家吸引中国投资规模与
投资风险得分及其排序情况(2020 年)

序号	国家	吸引中国投资存量(亿美元)	投资规模在共建国家中的排序	国家投资风险得分	投资风险在共建国家中的排序
1	老挝	102.01	6	51.57	95
2	巴基斯坦	62.19	12	50.54	99
3	缅甸	38.09	15	49.61	105
4	刚果(金)	36.88	16	38.49	145
5	伊朗	35.27	17	51.85	93
6	乌兹别克斯坦	32.65	18	52.44	91
7	赞比亚	30.55	20	47.87	120
8	埃塞俄比亚	29.93	21	53.85	83
9	委内瑞拉	29.61	22	35.63	148
10	安哥拉	26.90	26	47.00	127
11	尼日利亚	23.68	27	54.07	81

中国对巴基斯坦投资存量为 62.19 亿美元,在共建国家中
排在第 12 位,而其投资风险排在第 99 位,投资风险相对较高。
中国对缅甸、刚果(金)、伊朗、乌兹别克斯坦和赞比亚的投资
规模均排在共建国家前 20 位,但是其投资风险均非常高,均排
在 90 名之后,尤其是刚果(金)的投资风险排在第 145 位,迫切

需要引起重视，应该是风险防范的重中之重。

图 5-7 更加形象地展示了位于第四象限的共建国家吸引中国投资规模排序与风险得分排序的情况。从中可以看出，中国对这部分国家投资规模基本维持在前 20 位，投资规模相对较高，而这些国家的投资风险排名基本位于 90 名之外，尤其是委内瑞拉和刚果（金），投资风险极高，应该引起中国投资者的重视。中国投资者应就重点项目、重点风险领域制定合理的风险规避策略，谨慎选择投资方式。缅甸、赞比亚、安哥拉的投资风险排名也在 100 名之外，分别是第 105 位、第 120 位和第 127 位。对这些国家进行高规模的投资可能遭遇由风险造成的损失，中国企业需要提前预估并做好风险预警。

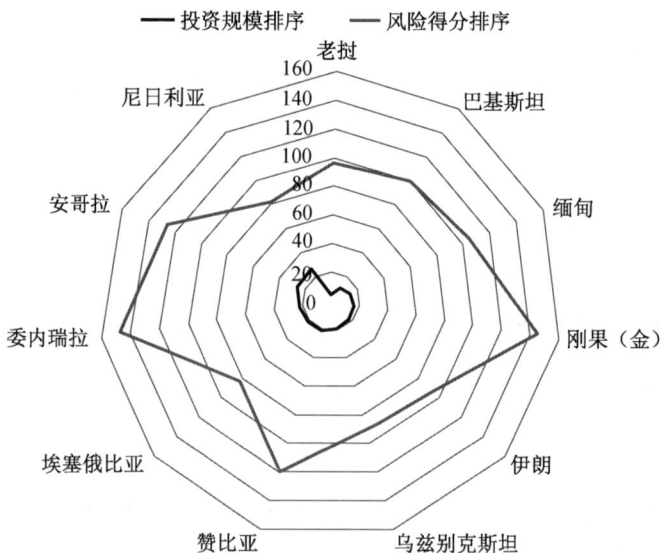

图 5-7 位于第四象限的共建国家吸引中国投资存量排序与风险得分排序

综合来看，以上将 149 个共建"一带一路"国家通过象限分析的方法进行了分类讨论，从而引出了我们的一些相关建议。

第一，对于目前处于第一象限的 19 个国家，如新加坡、卢森堡等国家，尽管中国企业对这些国家的投资量已经比较大了，但由于这些国家的总体投资风险小，过去一些年里的投资持续的比较多，因此可以继续保持高规模投资，在这些低风险国家合理安排投资结构布局，充分结合当地资源提高投资效率。

第二，对于处于第二象限的国家，也就是那些目前从中国获得的投资仍然比较少，但投资风险比较低的国家，如奥地利、斯洛伐克、葡萄牙、波兰、匈牙利、保加利亚等国家，总体来讲，中国企业可以考虑增加对这些国家的投资，深度挖掘合作潜力，扩大投资规模。

第三，位于第三象限的国家，也就是那些目前吸引中国投资规模小、风险高的国家，如津巴布韦、伊拉克等国家，虽然吸引中国投资规模较小，但是投资风险较高。我们不建议中国企业对这些国家实施过快的投资扩张策略，已经在投的项目也应实时监控风险，谨慎制定风险防范对策。

第四，对于第四象限的国家，也就是那些目前已经吸引中国投资规模大，但风险高的国家，如老挝、巴基斯坦、缅甸等国家，应该作为"一带一路"投资风险防范的重点国家来予以特别重视，因为中国对其投资规模已经很大了，而这些国家的投资风险又比较高，如不做好风险防范，很容易给中国企业造成较大损失。这就需要中国政府与企业合作，根据在东道国投资项目的具体特征，预估可能面临的风险，建立健全制度和机制，加强对重大项目的动态监测和风险预研预判，织密扎牢风险防控网络。

二、不可忽视专项风险

以上通过"投资—风险"散点图分析法，从宏观综合层面探讨了投资与风险之间的关系，为国别层面的投资风险分析提供了基本参考。然而，综合风险水平低的国家也可能存在因某个维度风险过高而造成企业投资损失的隐患；反过来，综合风险水平高的国家，也可能在某个维度的风险非常低，从而帮助企业对冲其他维度的风险，在最大化利用资源的同时降低投资损失。因此，本部分在前面进行国别风险分析的基础上，挖掘5种风险中需要重点防范的风险类别，以帮助企业更加具体地规避投资风险。

（一）对低风险国家投资的阻力分析

延续第一部分对高低风险的界定，综合风险得分高于平均值的国家为低风险国家，综合风险得分低于平均值的国家为高风险国家。2020年综合风险得分高于平均值54.2的共建国家有78个，占比52.35%。以下对这排名在前78位的国家进行分项风险分析，以探索低风险国家需要重点防范的风险类型。

1. 政治风险防范分析

2020年，中国对俄罗斯投资存量120.71亿美元，排在第4位，其综合风险排在第71位，总体上属于低风险—高投资国家，然而我们分析政治、经济、金融、社会和双边关系方面的投资风险排名，可以看出俄罗斯面临非常高的政治风险，在"一带一路"共建国家中排在第133位。俄罗斯与中国的双边关系比较紧密，排在第32位，金融风险和经济风险分别排在第15位和第37位，这三个方面表现良好（图5-8）。

具体而言，衡量政治风险的指标有5个：政府稳定性、外部冲突、腐败控制、民主问责、官僚质量。从2020年俄罗斯的政治风险5个维度得分来看，5个维度的排名分别是第31位、第145位、第126位、第121位、第56位，可见俄罗斯的政治风险较高。主要表现在其较高的外部冲突，排名几乎垫底，排在第145位；而腐败控制和民主问责得分也不高，排在第126位和第121位；不过相对来看，其政府稳定性非常高，排在第31位，这保证了政策实施的稳定性；官僚质量也较高，排在第56位。事实上，俄罗斯常年面临外部冲突问题，这一指标得

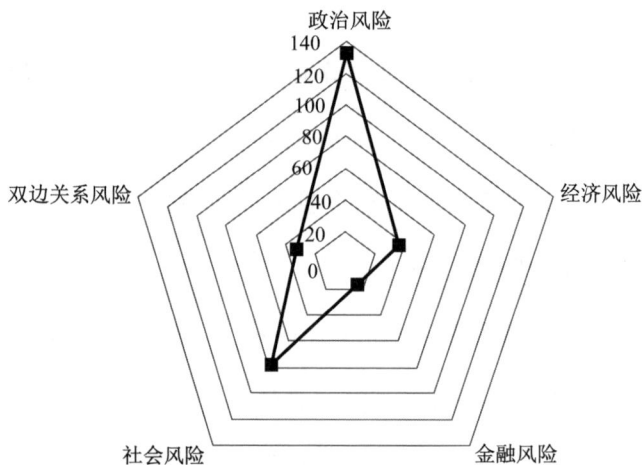

图 5-8　俄罗斯的投资风险雷达图(2020)

分排名从 2016 年至 2020 年,分别为第 146 位、第 147 位、第 140 位、第 146 位、第 145 位。俄罗斯持续的外部冲突问题将直接加剧中国对俄罗斯的投资风险。2022 年爆发的俄乌冲突,使其在外部冲突方面的风险进一步加大。

　　根据 ICRG 数据库,外部冲突衡量的是现任政府面临的来自国外行动的风险,范围从非暴力的外部压力(外交压力、扣留援助、贸易限制、领土争端、经济制裁等)到暴力的外部压力(从跨境冲突到全面战争),主要包含战争、跨境冲突和外国压力,其中外国压力指的是一个或多个国家向本国政府施加压力,迫使其改变政策,由此带来的实际或潜在风险。这种压力可以是外交压力、暂停援助和/或信贷,也可以是直接的经济制裁。外部冲突的得分满分为 12 分,得分越高风险越低。从

ICRG 数据库的数据来看（图 5-9），从整体上来看，1992 年以来，俄罗斯外部冲突风险有上升趋势，外部冲突风险得分从 1997 年的 12 分下降到 2020 年的 7 分。从月份数据来看，2008 年 9 月风险达到最大，这可能与 2008 年 8 月 8 日到 8 月 18 日的格鲁吉亚战争有关。而 2022 年 2 月开始的俄乌冲突，进一步加剧了俄罗斯的外部冲突风险，这也是中国对其投资过程中必须考虑的需要重点防范的风险。尤其是考虑到中国对俄罗斯巨大的投资规模，更应该就当地中国企业可能面临的政治风险进行预警，实时跟踪，最大限度地降低企业由此而导致的损失，保护在俄中国企业权益。

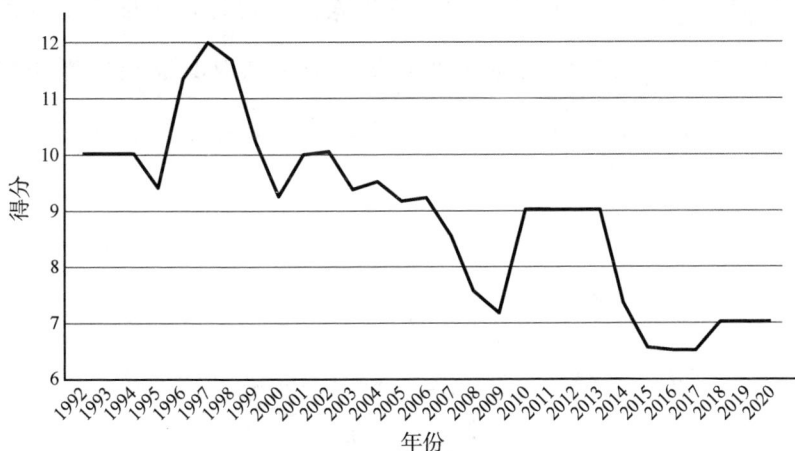

图 5-9 俄罗斯外部冲突风险得分趋势（1992—2020）

注：1. 外部冲突风险得分越高，外部冲突风险就越低。

2. 所用数据来自 ICRG 数据库，基于月度数据测算年度平均值得到，其中 2020 年统计到 8 月，因此是 1 月到 8 月的平均值。

2. 经济风险防范分析

在低风险国家中，秘鲁综合风险得分 60.66，排在第 33 位，综合风险相对较低。但是在考虑其细分风险时，我们发现其 5 个维度的风险并不都是偏低的。其金融风险最低，排在第 8 位，政治风险和社会风险排名也相对靠前，分别排在第 36 位和第 39 位。双边关系排名相对靠后一些，排在第 81 位。但是，其经济风险得分 50.99，排在第 110 位。从图 5-10 可以更加形象地看出其经济风险在所有风险中非常突出，因此中国企业在对秘鲁进行投资时，一定要特别重视其经济风险。数据显示，2020 年中国对秘鲁的投资存量为 17.05 亿美元，在共建国家中排在第 36 位。中国如此高的投资规模流入秘鲁这个综合低风险国家，总体而言好像没有太大问题，但必须对其突出的经济风险加以实时监测，以便更好地规避风险，降低中国企业在秘鲁投资的损失。

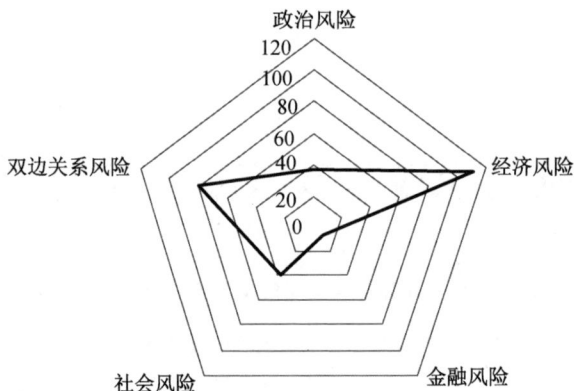

图 5-10　秘鲁投资风险分项排序雷达图(2020)

解析导致秘鲁经济风险过高的主要因素，有助于进一步找到相应的风险防范对策。在本研究测算投资风险的指标体系中，衡量经济风险的指标是人均 GDP、GDP 增速、年通货膨胀率、预算余额占 GDP 的比重、经常账户余额占 GDP 的比重 5 个指标。图 5-11 显示，秘鲁的 GDP 增速排在第 133 位，在共建国家中非常靠后。其他 4 个指标按照排名顺序依次是经常账户余额占 GDP 的比重排在第 41 位，人均 GDP 排在第 58 位，年通货膨胀率排在第 61 位，预算余额占 GDP 的比重排在第 72 位，这四个指标的表现相对较好，风险也不高。然而排名过于靠后的 GDP 增速加大了秘鲁的经济风险。

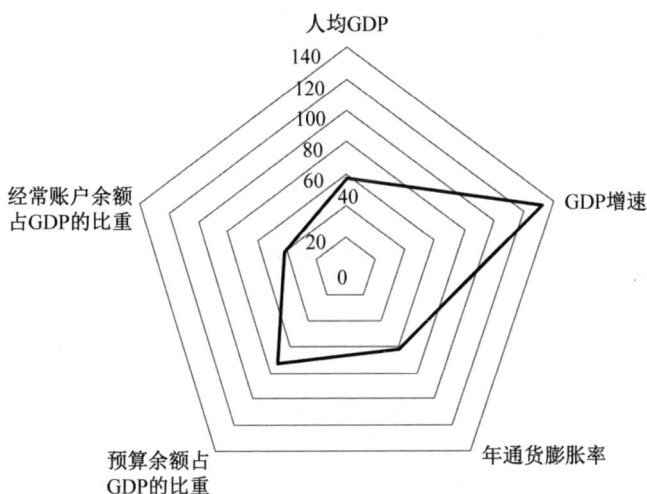

图 5-11 秘鲁经济风险不同维度指标得分排序（2020）

根据世界银行 WDI 数据库统计的数据，秘鲁实际 GDP 增速自 1970 年到 2020 年经历了 3 次非常大的下降过程，分别是

1983年、1989年和2020年，经济增速分别下滑到－10.41％、－12.31％和－11.15％，都是经历了断崖式下跌（图5-12）。2020年秘鲁经济快速下滑是因为受到了新冠肺炎疫情的重创，多个经济领域受到严重冲击。2020年第二季度，秘鲁经济受疫情影响严重，扣除价格因素后，实际GDP同比暴跌30.2％，降幅较上季度扩大26.7个百分点，比上年同期下滑31.4个百分点。

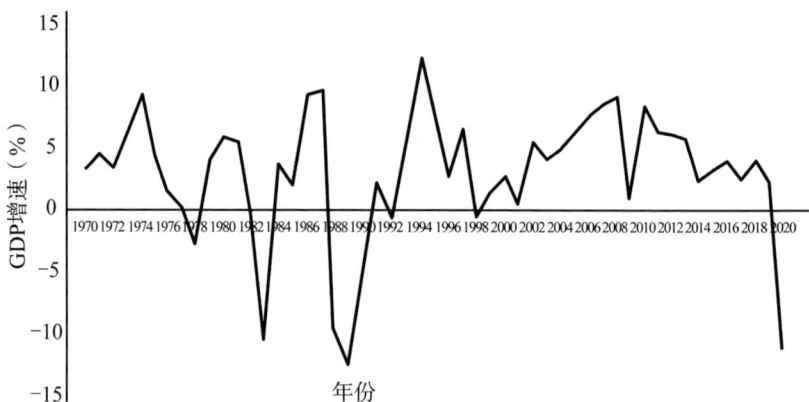

图 5-12　1970—2020 年秘鲁实际 GDP 增速变化图

新冠肺炎疫情对世界经济造成重创。联合国于2021年发布的《2021年可持续发展融资报告》认为，新冠肺炎疫情或将导致全球损失1.14亿个工作岗位，约1.21亿人陷入极端贫困。2020年全球外国直接投资流量从2019年的1.5万亿美元下降至1万亿美元，下降幅度高达35％，是2005年以来的最低水平。相比之下，中国境外投资所受影响不大，2020年中国对外直接投资 1329 亿美元，逆势增长 3.3%。然而全球疫情的持续不可避免地对国际投资产生了深刻影响，这必然给中国持续扩大的跨国投资增添新的风险和问题。

疫情持续影响企业经营，如原材料和远洋运输价格上涨，用工难、用工贵、融资难、融资贵，这些因素导致企业成本大幅度上升。而部分海外市场仍未恢复，全球产业链、供应链出现问题导致国内部分行业供应链韧性趋弱。费尔南德斯（Fernandes）研究发现，全球每停产增加一个月，将造成全球 GDP 增长减少 2%～2.53%，服务型经济体将受到更大的冲击。[①] Duan 等人采用投入产出模型进行研究，认为新冠肺炎疫情可能给交通、旅游、零售和娱乐产业造成 18% 的损失。[②] 新冠肺炎疫情对全球生产体系产生冲击，中国的纺织服装、电子电气、金属冶炼加工等行业可能存在着较高的产业对外转移风险。[③]

因此，在全球疫情持续期间，中国企业在进行跨国投资的过程中，要及时关注东道国的实时疫情信息、人员出入境管制要求、投资报备、原材料与中间品等的运输限制等情况，以及疫情期间各国针对我国的投资政策调整情况，企业帮扶与税收

---

① Fernandes N. , "Economic Effects of Coronavirus Outbreak（COVID-19）on the World Economy," *SSRN Electronic Journal*, 2020(1).

② Duan H. B. , Wang S. Y. , Yang C. H. , "Coronavirus: Limit Short-Term Economic Damage," *Nature*, 2020, 578(7796), pp. 515-516.

③ 祝坤福、高翔、杨翠红等：《新冠肺炎疫情对全球生产体系的冲击和我国产业链加速外移的风险分析》，载《中国科学院院刊》，2020(3)。

优惠政策等。相关政府部门可建立疫情期间对外投资风险保障机制，为投资企业提供政策咨询、技术指导等；对于投资企业遇到的各类困难及问题，与其进行高效地对接、沟通，帮助解决，保障疫情期间对外投资的稳步提升与积极发展。

3. 金融风险防范分析

我们的测算发现，蒙古国、意大利、希腊、牙买加等 16 个国家具有非常突出的金融风险（表 5-5），这些国家的综合风险除了土耳其和阿根廷排在第 78 位和第 52 位外，其他 14 个国家的排名均在前 50 名，是综合风险较低的东道国。但是，这些国家的金融风险排名均在 100 位之后，而蒙古国、意大利和希腊分别排在第 146 位、第 142 位和第 141 位，金融偿债压力巨大。

图 5-13 比较直观地呈现出这 16 个国家的分项风险排序结构，只有金融风险排序在 100 名之外，其他分项风险均相对较低。从金融风险较高的国家类型来看，意大利、希腊、斯洛文尼亚、奥地利、葡萄牙、匈牙利、斯洛伐克、塞浦路斯、克罗地亚 9 个国家均为欧洲国家，接近六成的国家来自欧洲，面临较高的偿债风险。欧洲债务危机始于希腊的债务危机，2009 年 12 月全球三大评级公司下调希腊主权评级。自 2010 年起，欧洲其他国家也开始陷入债务危机之中，希腊已非债务危机主角，整个欧盟都受到债务危机困扰。根据欧盟统计局数据，受新冠肺炎疫情影响，2020 年欧元区公共债务急剧攀升，债务总额增

表 5-5 存在重大金融风险的国家的综合投资风险与分项风险得分及其排序情况 (2020)

国家	综合投资风险		政治风险		经济风险		金融风险		社会风险		双边关系风险	
	得分	排名	得分	排名	得分	排名	得分	排名	得分	排名	得分	排名
蒙古国	58.40	48	60.21	43	52.04	83	55.29	146	62.31	53	62.12	3
意大利	62.68	21	70.08	19	56.37	15	56.62	142	71.46	23	58.87	58
希腊	59.22	42	69.55	20	52.31	76	56.95	141	58.21	59	59.05	49
牙买加	59.15	43	63.12	34	51.55	96	58.44	137	63.41	49	59.24	47
哈萨克斯坦	60.10	35	61.87	37	53.25	54	59.42	136	65.73	41	60.25	21
斯洛文尼亚	62.82	20	66.72	23	57.56	13	59.61	134	71.43	24	58.77	71
奥地利	67.10	4	82.58	12	59.47	8	59.65	133	75.14	11	58.66	77
葡萄牙	63.34	15	70.15	17	53.87	40	59.80	132	74.07	14	58.80	65
匈牙利	62.89	18	69.45	21	53.74	44	60.32	130	72.15	21	58.80	66
斯洛伐克	63.69	13	70.47	16	54.75	25	60.81	129	73.58	16	58.84	60
塞浦路斯	64.03	12	72.10	15	54.43	34	61.92	125	72.72	20	59.00	52
土耳其	54.21	78	44.15	99	53.88	39	62.88	121	51.27	80	58.89	57
巴林	59.23	41	54.65	61	52.28	78	63.19	119	67.26	37	58.78	69
阿根廷	57.30	52	58.74	50	52.07	81	63.86	113	52.39	74	59.45	41
克罗地亚	61.46	25	64.09	31	53.30	53	63.93	111	67.28	36	58.72	73
新加坡	69.92	2	72.86	14	66.48	2	64.36	106	86.56	2	59.36	43

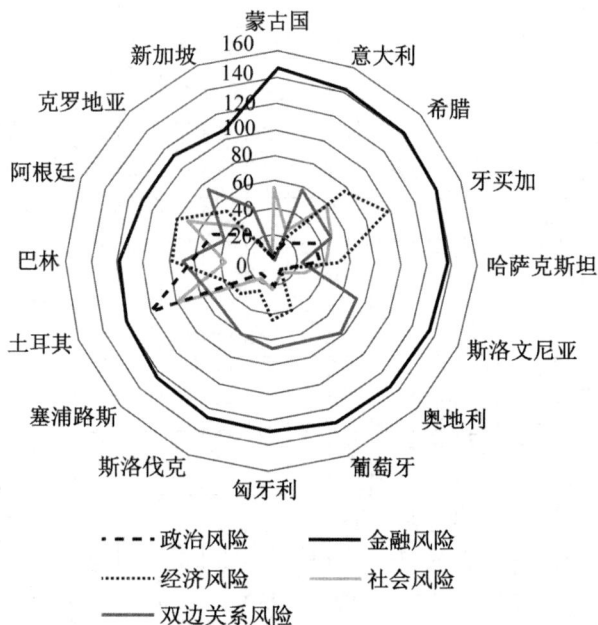

图 5-13 需重点防范金融风险的国家的分项风险排序雷达图(2020)

加到 11.1 万亿欧元,占 GDP 比重攀升至 97.3%,欧盟 27 国公
共债务率升至 90.1%,债务总额 12.07 万亿欧元。13 个成员国
公共债务率高于 60%,其中负债最高的是希腊(206.3%)、意大
利(155.6%)、葡萄牙(135.2%)、西班牙(120%)、塞浦路
斯(115.3%)、法国(115%)和比利时(112.8%)。从这一点来
看,希腊、意大利、葡萄牙、塞浦路斯是需要我们重点防范金
融风险的国家。因此,我们前面关于第二象限国家的一些总体
国家风险分析的结论需要跟这里所做的关于金融风险分析的结
论结合起来,从而做出更为全面的判断。

　　根据图 5-14，我们发现蒙古国的金融偿债风险非常高，排在第 146 位。而其他风险则较低，尤其是对华双边关系方面，排在第 3 位，蒙古国与中国一直保持着良好的双边关系，这总体上大大降低了中国企业的投资风险。其次是政治风险排名第 43 位，社会风险排名第 53 位，经济风险排名第 83 位，都相对处于较低风险水平。因此，中国在对蒙古国投资过程中，需要重点关注的是金融偿债风险问题。

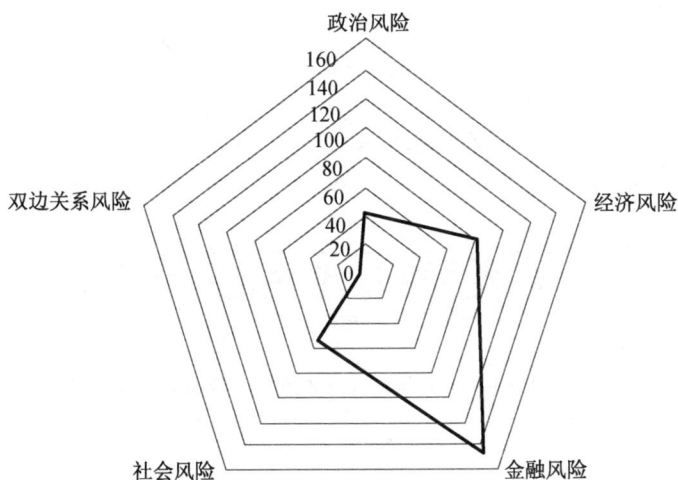

图 5-14　蒙古国的分项投资风险排序雷达图(2020)

　　进一步观察蒙古国金融风险下的 5 个细分指标，我们发现，外债总额占 GDP 比重排名在第 148 位，属于所有细分指标中排名最靠后的指标。根据世界银行公布的数据(图 5-15)，蒙古国外债总额占 GDP 的比重从 1993 年的 50.44% 快速攀升，到 2020 年达到 249.65%，增长了近 200 个百分点。高额的外债使蒙古国面临较大的偿债压力，2022 年 4 月 10 日，蒙古国当局宣布了全面进入节约状态的计划，目前正在加紧制定或实施相应的对策措施。比如，政府计划在 2022 年至 2023 年不再购买新的轿车和办公桌椅等设施设备，重新审视国有和地方所有公司费用支出的预算情况，并厉行节约，等等。

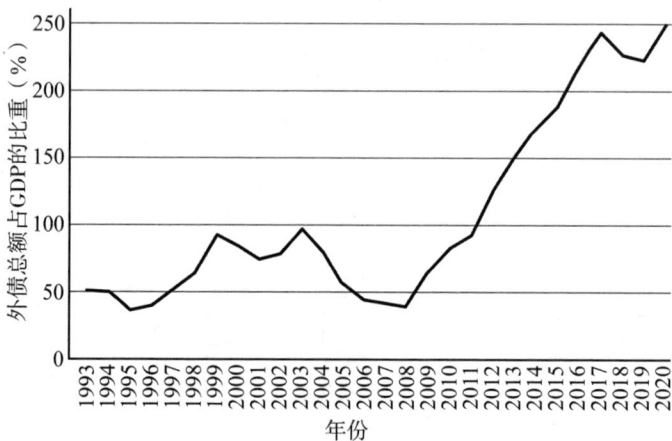

图 5-15　1993—2020 年蒙古国的外债总额占 GDP 的比重

数据来源：世界银行 WDI 数据库。

据蒙古国国家统计局 2022 年 4 月 1 日数据，截至 2021 年年底，蒙古国外债总额高达 330 亿美元，比 2020 年度增加 10 亿美元，按照蒙古国总人口 330 万人计算，人均负债约 1 万美元，这对该国只有 49 亿美元的外汇储备而言，很显然压力是很大的。世界银行认为，在俄乌冲突持续影响、油价大幅上涨、美联储开启加息进程、新冠肺炎疫情反复冲击以及外债规模增加等风险并存的情况下，蒙古国经济将越来越难支付债务成本，压力将越来越大。蒙古国海关总局统计数据显示，2022 年 1 月该国的外贸总额为 10.961 亿美元，比 2021 年同期减少 260 万美元，其中货物和原材料出口总额更是大幅下降 16%，但进口总额却超过出口 1690 万美元，贸易逆差将直接影响到外汇储备的增长。在目前形势下，加大向中国市场靠近正成为蒙古国走出其当前经济困境的新动力。中国对蒙古国的投资存量 2020 年达到 32.36 亿美元，排名第 19 位，在如此高的投资规模下，如何有效规避蒙古国的偿债风险，是需要我们谨慎应对的一个重要问题。

4. 社会风险防范分析

中国企业对外投资的另一个重要国家是孟加拉国，其综合投资风险水平排在第 68 位，风险得分 54.94，高于平均值 54.2，属于风险水平相对较低的国家。但如果深入分析其分项风险的话，我们发现该国并不是各专项风险都低，图 5-16 直观显示出这个国家具有非常高的社会风险，在所有共建国家中排在第 112 位，社会风险得分 38.21，但其他类型的风险得分均较高，政治风险、经济风险、金融风险、双边关系风险的得分分别为 51.85、53.42、71.46 和 59.74，在共建国家中分别位于第 74 位、第 47 位、第 17 位、第 33 位。因此，中国企业在对孟加拉国投资的过程中，应重点考虑如何规避其较高的社会风险问题。本项研究测算社会风险使用的指标是内部社会冲突、法治制度稳定、对外国资本和人员流动的限制、劳动力市场管制以及营商环境便利度 5 个方面,观察孟加拉国在这 5 个指标的得分情况,我们发现导致其社会风险较高的原因是内部社会冲突和营商环境便利度两个方面,这两个指标得分排序分别为第 131 位和第 128 位。

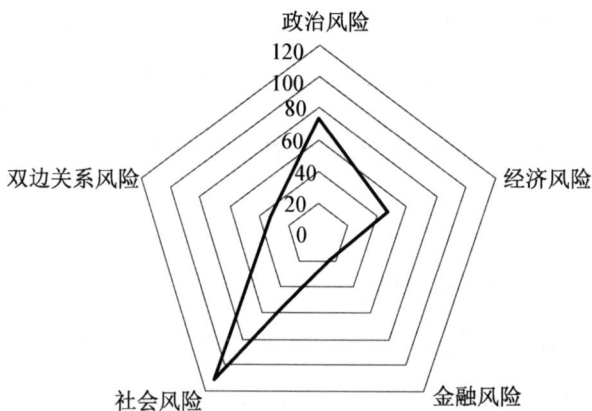

图 5-16 孟加拉国的分项风险排序雷达图(2020)

本项研究是基于 ICRG 数据库测算内部社会冲突情况的。根据该数据库对内部社会冲突的界定,该指标衡量的是该国政治暴力及其对治理的实际或潜在影响。分配的风险评级是对 3 个子指标评分的总和:内战/政变威胁、恐怖主义/政治暴力和内乱。分别评估内战的实际或潜在风险,恐怖主义的实际或潜在风险,以及大规模抗议对治理或投资的潜在风险,如反政府示威、罢工等。图 5-17 显示了这 3 种内部冲突的得分情况。从中可以看出,2001—2020 年得分持续较低的是内乱和恐怖主义/政治暴力这两项,内战/政变威胁得分较高,相对风险较低。
当前,孟加拉国政局总体稳定,因此发生内战或政变威胁的可
能性较小,风险相对较低。孟加拉国的天然气、电、水都涨价,
已引发诸反对党系列示威游行与相关罢工活动。此外,偷盗、
抢劫甚至持械入室抢劫等案件时有发生,社会不安定因素依然
存在。

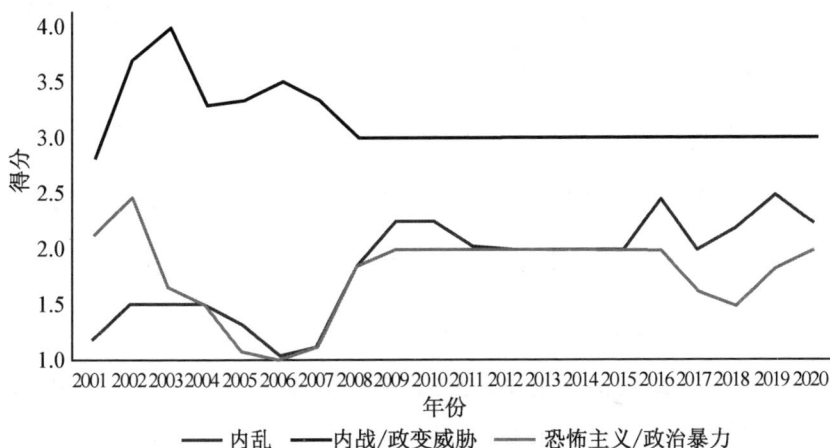

图 5-17　2001—2020 年孟加拉国内部冲突的分项得分情况

注:1. 得分越高风险越小。

2. 根据 ICRG 数据库公布的月度数据整理,求平均值得到年度数据。

3.2020 年的数据截至 2020 年 8 月。

综上所述,孟加拉国总体投资风险得分较高,排在第 68
位,然而在细分风险中,社会风险得分较低,投资者尤其应关
注其社会冲突引致的示威冲突风险、局部政治稳定性风险、工
会组织运动风险、恐怖活动风险、社会治安风险等。2020 年,

中国企业对孟加拉国的投资存量为 17.11 亿美元，在共建国家中排名第 35 位，孟加拉国属于吸引中国投资存量较多的国家。因此，我们建议重点做好对孟加拉国的社会风险防范。

5. 双边关系风险防范分析

在低风险国家中，有 10 个国家在双边关系风险方面需加以特别关注，这些国家是纽埃、库克群岛、密克罗尼西亚联邦、基里巴斯、波黑、拉脱维亚、哥斯达黎加、汤加、文莱、沙特阿拉伯。表 5-6 显示这些国家的政治风险、经济风险、金融风险和社会风险都相对较低，但是在对华关系方面却表现出非常明显的短板，即与中国的关系不紧密，纽埃和库克群岛分别排在第 149 位和第 145 位，密克罗尼西亚联邦、基里巴斯、波黑三国分别排在第 139 位、第 136 位和第 130 位。

图 5-18 比较清晰地反映出了这些国家的风险特征。从中可以看出，在其他风险排名都比较靠前的情况下，对华关系在外圈分布，显示出非常突出的风险特征。当进一步分析这些国家与中国关系方面的问题时，我们发现这些国家中除了沙特阿拉伯外，其他国家均尚未与中国签订双边投资协定，这就必然直接影响我国在这些国家的投资便利性安排，也加大了我国企业在这些国家的投资风险；另外，除了文莱、汤加、哥斯达黎加和波黑外，其他国家尚未与中国签订入境免签协议，这也不利于人员自由流动。我们还发现这些国家的投资依存度和贸易依

表 5-6 需重点关注对华关系的 10 个国家的综合投资风险与分项风险得分及其排序情况（2020）

国家	综合投资风险		政治风险		经济风险		金融风险		社会风险		双边关系风险	
	得分	排名	得分	排名	得分	排名	得分	排名	得分	排名	得分	排名
纽埃	58.91	44	83.85	7	55.85	16	68.99	38	67.43	35	18.45	149
库克群岛	57.44	51	83.85	9	51.90	88	66.61	69	65.92	40	18.91	145
密克罗尼西亚联邦	58.15	49	83.85	8	54.74	26	70.97	21	61.98	56	19.22	139
基里巴斯	62.27	23	83.85	5	64.40	3	78.33	1	65.08	45	19.67	136
波黑	54.79	70	59.36	46	52.61	68	66.79	65	56.67	62	38.54	130
拉脱维亚	61.41	26	64.16	30	54.89	24	66.64	68	82.67	3	38.70	127
哥斯达黎加	56.90	54	54.80	60	53.07	58	67.57	49	70.05	28	39.02	118
汤加	63.28	16	83.85	3	52.50	73	71.37	18	69.23	30	39.43	109
文莱	60.45	34	55.70	58	59.29	11	71.60	16	76.06	7	39.59	106
沙特阿拉伯	56.39	60	52.03	73	54.69	29	75.87	2	59.40	58	39.96	101

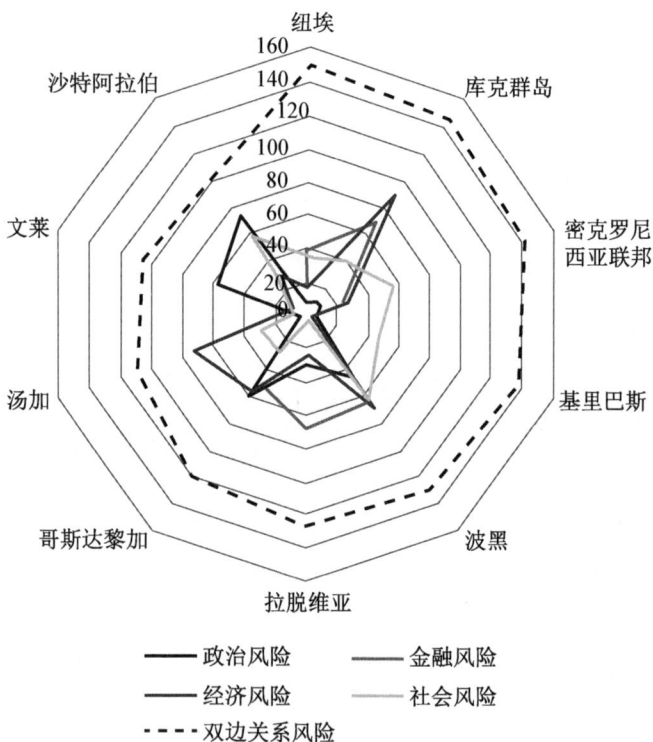

图 5-18   需要重点关注对华关系的 10 个国家的分项风险得分排序（2020）

存度都相对较低，在共建国家中排名均比较靠后，尤其是纽埃
和波黑，与中国的贸易依存度排名垫底，分别排在第 149 位和
第 148 位，库克群岛和哥斯达黎加与中国的贸易依存度也只是
排在第 111 位和第 100 位，而基里巴斯、库克群岛、纽埃、哥
斯达黎加和波黑与中国的投资依存度排名也都在 100 名以外。
种种因素影响了这些国家的对华关系，虽然其他维度的投资风
险都较低，但这些国家在对华关系方面的短板成为阻碍中国企
业对其扩大投资的重要障碍。

数据显示中国对这 10 个国家的投资规模也相对较低，中国对波黑的投资存量仅 0.23 亿美元，排在第 121 位；对哥斯达黎加的投资存量为 0.66 亿美元，排在第 110 位；对基里巴斯的投资存量为 0.36 亿美元，排在第 114 位；对密克罗尼西亚联邦的投资存量为 0.13 亿美元，排在第 128 位；对沙特阿拉伯的投资规模较大，为 29.31 亿美元，排在第 23 位；对文莱的投资存量为 3.88 亿美元，排在第 72 位；对汤加的投资存量为 0.12 亿美元，排在第 131 位；对拉脱维亚的投资存量为 0.17 亿美元，排在第 125 位。对库克群岛和纽埃几乎没有投资，排名垫底。由此可见，除了文莱和沙特阿拉伯外，中国对其他几个国家的投资规模非常小，而文莱和沙特阿拉伯与中国的关系也是这些国家中最好的，在所有共建国家中分别排在第 106 位和第 101 位。沙特阿拉伯与中国签订了双边投资协定，文莱与中国签订了入境免签协议，有利于资金和人员的流动便利性。

(二)对高风险国家投资的动因分析

高风险国家给企业造成投资损失的可能性大，那么企业对高风险国家的投资是不是有所减少呢？从我们得到的相关数据来看，答案似乎不同。正如我们在前面讨论过的那样，有一部分共建国家位于第四象限，尽管这些国家的投资风险比较高，但也吸引了大量的中国投资，这反映出了投资者的风险偏好特征。那么，是什么因素驱动有些企业在高风险国家投资呢？下面以高风险国家的分项风险指标分析为依据，尝试回答这一问题。

基于前文对风险国家类别的划分，高风险国家的综合风险得分均低于平均值，排在 78 位之后，共有 71 个共建国家位于高风险国家行列，占比 47.65%。我们发现这些国家中有一大部分与中国的双边关系得分较高，有 19 个国家与中国的双边关系排名在前 50 位，其中 8 个国家排名在前 20 位。并且高风险国家吸引中国的投资存量排在共建国家前 50 位的也有 20 个。于是我们很自然地想到了一个问题，即在高风险国家，中国投资与双边关系之间是否存在某种正向关联呢？为了回答这个问题，我们绘制了 2020 年高风险国家投资规模与双边关系排名分布散点图（图 5-19）。从图 5-19 来看，两者之间存在显著的正向相关性，即双边关系越好，中国对其投资存量越高。在此基础上，我们需要进一步回答的问题是：是否双边关系是驱动中国企业到高风险国家投资的重要动力，以便形成与其他高风险维度的对冲，以帮助规避部分风险呢？

高风险国家中有 8 个与中国的双边关系排名居前 20 位（表 5-7）。根据我们的指标测算，刚果（布）与中国的双边关系得分最高，在所有共建"一带一路"国家中排在第一位，缅甸与中国的双边关系排在第二位，吉尔吉斯斯坦、加蓬和伊拉克也分别

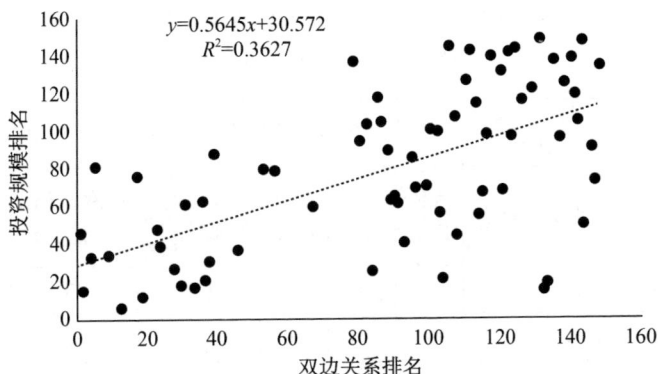

$$y=0.5645x+30.572$$
$$R^2=0.3627$$

图 5-19 中国与共建国家之间的关系及其投资规模排名散点图

以第 4 位、第 5 位和第 9 位居双边关系前 10。老挝、赤道几内亚和巴基斯坦与中国的双边关系排名分别为第 13 位、第 17 位和第 19 位。这些国家的综合风险得分较低,排名都在 78 位之后,除了加蓬和吉尔吉斯斯坦分别排在第 79 位和第 89 位外,老挝和巴基斯坦分别排在第 95 位和第 99 位,其他国家都排在100 位之外,伊拉克排名最低,排在第 116 位。在综合投资风险如此高的情况下,伊拉克吸引了中国 17.38 亿美元的投资存量,排在第 34 位。在这些国家中,中国对老挝的投资规模最大,2020 年投资存量达到 102.01 亿美元,排在第 6 位;其次是对巴基斯坦的投资,存量达到 62.19 亿美元,排在第 12 位;对缅甸的投资存量为 38.09 亿美元,排在第 15 位。很显然,中国对这些高风险国家保持着大规模投资的重要原因,就是中国与这些国家之间都分别建立了很好的双边关系。

表 5-7　良好双边关系下高风险国家的各项风险与中国对
这些国家的投资存量(2020)

国家	综合投资风险		分项风险排序					中国对其投资	
	得分	排名	政治风险	经济风险	金融风险	社会风险	双边关系风险	存量规模(亿美元)	排名
刚果(布)	49.49	106	101	143	83	129	1	11.31	46
缅甸	49.61	105	131	38	20	144	2	38.09	15
吉尔吉斯斯坦	52.58	89	126	82	112	93	4	17.67	33
加蓬	54.18	79	100	31	61	98	5	2.59	81
伊拉克	48.19	116	97	118	138	138	9	17.38	34
老挝	51.57	95	112	67	103	116	13	102.01	6
赤道几内亚	49.71	104	122	86	108	125	17	3.36	76
巴基斯坦	50.54	99	107	89	94	127	19	62.19	12

　　分析这 8 个国家分项风险的不对称特征,可以看出双边关系风险这个维度的得分排序非常靠前,相比于非常高的社会风险、政治风险、经济风险和金融风险,与中国良好的双边关系可能是促进其吸引中国投资的突出优势。其中老挝和巴基斯坦是吸引中国投资规模比较大的高风险国家,以老挝和巴基斯坦为例进行详细分析,有利于我们更好地了解这一现象,并采取相应的风险防范措施。

　　中国和老挝是山水相连的友好邻邦,两国人民自古以来和睦相处。自习近平提出构建人类命运共同体理念后,老方高度认同并积极响应。2019 年 4 月 30 日,中国国家主席习近平与老挝国家主席本扬在北京签署了《中国共产党和老挝人民革命党关于构建中老命运共同体行动计划》。这是我国首份以党的名义签署的构建人类命运共同体双边合作文件。这份文件不仅是开创中老关系新时代的纲领性文件，也在地区和国际上对推动构建人类命运共同体具有重要引领示范意义。中老签署行动计划为人类命运共同体建设发挥了先行者和示范者作用，有助于带动更多的国家加入构建人类命运共同体行动，共建一个更加繁荣美好的世界。正是中老两国不断紧密的关系，驱动了中国在高风险国家老挝的投资规模快速增长，图 5-20 显示中国对老挝投资存量自 2003 年的 0.09 亿美元上涨到 2020 年的 102.01 亿美元。

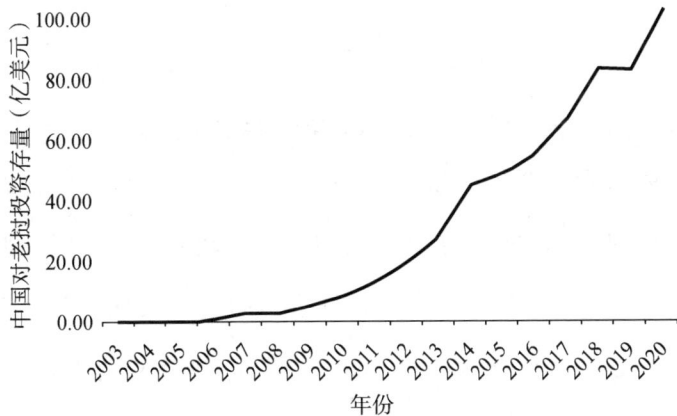

图 5-20　2003—2020 年中国对老挝投资存量呈现快速增长势头

不过，我们需要明白的是，虽然中国与老挝之间的双边关系不断升级，中国对其投资规模持续增长，但老挝仍然是个高风险国家,其政治风险、社会风险和金融风险都比较高,分别排在第112位、第116位和第103位,经济风险排名相对靠前,也只是排在第67位(图5-21)。这些风险都有可能使不断增长的中国投资遭受较大损失,因此在对老挝的投资过程中,中国企业应充分利用中老两国政府关系紧密的有利条件,加强与两国政府相关部门的联系,有效地做好各项风险防范工作。

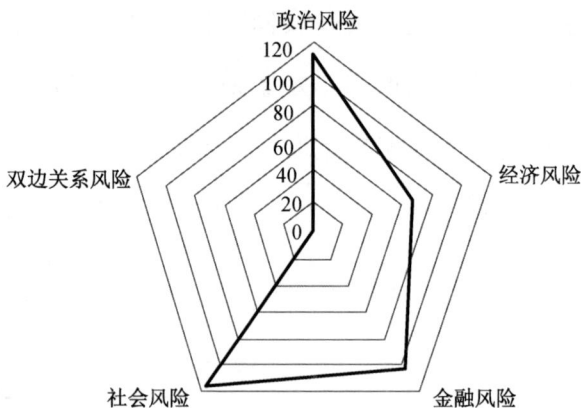

图5-21 老挝的分项风险排序雷达图(2020)

具体来看,老挝的政治风险主要表现在外部冲突、民主问责、官僚质量方面,这3项的排名比较靠后,分别排在第108位、第136位和第103位。社会风险主要表现在劳动力市场管制、法制、营商环境方面,这3项风险排名分别为第131位、第111位、第114位,其中社会风险方面的劳动力市场管制是老挝存在的高风险领域。我们这项研究采用的劳动力市场管制指标是菲沙研究所(Fraser Institute)的世界经济自由度指数(EFW index),其中劳动力市场管制指标体系是用来测量经济自由的限制程度的，细分为"雇佣管制和最低工资""工作时间管制"等6个子指标分值加总平均，得分从0到10，分值越高则管制程度越低，自由度越高。老挝在劳动力市场管制方面比较严格，这一指标得分排在第131位。老挝对工资标准和雇佣关系进行了严格规定，对工时、加班、工休、年休、解聘、工资、加班费、社保等内容进行详细规定。因此，中国在老挝投资可能面临劳工矛盾的问题，这是需要防范的重要风险。中国企业应利用中国政府与老挝政府之间的良好关系，加快推进跨国投资环境改善，提高老挝政府治理能力，尽量规避政治风险、经济风险、金融风险与社会风险。

另一个以紧密的双边关系驱动中国扩大投资的高风险国家是巴基斯坦。长期以来，巴基斯坦与中国建立了极其稳固的双边关系，中国和巴基斯坦合作建设了很多项目。2015年，中巴关系由战略合作伙伴关系升级为全天候战略合作伙伴关系。中巴两国以中巴经济走廊建设为引领，以瓜达尔港口建设、能源和交通基础设施建设以及产业合作为重点，形成"1＋4"的经济合作布局。这是中巴两国开展务实合作共同打造"中巴命运共同体"的关键内容。中国外交部部长王毅把中巴经济走廊描述为"一带一路"交响乐的"第一乐章"。在中国和巴基斯坦两国的共同努力下，中巴经济走廊建设不断迈上新台阶。2022年4月14日，中国外交部发言人赵立坚表示，中国和巴基斯坦是全天候战略合作伙伴，是名副其实的"铁杆"兄弟，中方愿同巴基斯坦新政府一道，以更高标准、可持续、惠民生为目标建设中巴经济走廊，加快构建新时代更加紧密的中巴命运共同体。中巴经济走廊建设有助于进一步密切和强化中巴全天候战略合作伙伴关系。它既是中国"一带一路"倡议的样板工程和旗舰项目，也为巴基斯坦的发展提供了重要机遇。

巴基斯坦的综合投资风险排在第 99 位，属于高风险国家。图 5-22 显示，其具有非常高的社会风险，排在第 127 位，其政治风险、经济风险和金融风险也较高，分别排在第 107 位、第 89 位和第 94 位。2020 年，中国对巴基斯坦的投资存量达到 62.19 亿美元，排在第 12 位。在如此高的风险下中国对巴基斯坦的投资规模保持在比较高的水平，最重要的原因就是巴基斯坦与中国的双边关系很好，排在第 19 位。中国与巴基斯坦之间

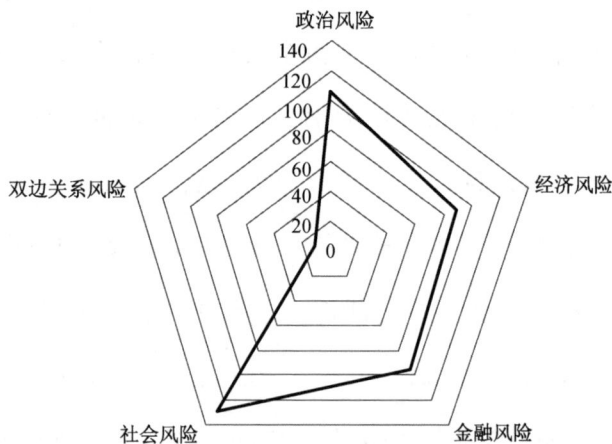

图 5-22　巴基斯坦的多维投资风险排序雷达图(2020)

紧密的合作关系推动了中国在这个高风险国家的投资。即使是在全球疫情持续蔓延的情况下，中国对巴基斯坦的投资势头仍未减缓。2021年12月，中国已在中巴经济走廊框架下启动了一系列电力工程建设项目，帮助巴基斯坦满足其国内民用和工业用电需求。其中，有些工程已经完工，有些发电厂仍在建设之中。

但是，我们必须要明白的是，巴基斯坦在政治、经济、金融、社会等方面，都面临着很高的风险，中巴双方政府应联合采取措施，尽量避免风险爆发，为中国企业在巴基斯坦的可持续投资建设提供有力保障。图5-23显示，基于ICRG数据库，自1984年到1990年，巴基斯坦的政府稳定性下降，之后快速上升，到1998年处于高位，这一较高的政府稳定性一直持续到2006年，然后开始下降，到2008年降到最低点，近10年来这一得分未发生显著变化，政府稳定性持续走低。同时，巴基斯坦国内的社会冲突得分也伴随着相近的变化趋势，不过相比于政府稳定性，社会冲突在经历了1992—1994年的快速提高后，开始持续下降，率先在1997年前后得分下跌，内部社会冲突风险不断加大，高风险持续了将近30年，虽然从2017年开始得分有所提高，但幅度不大，未得到明显改善。

巴基斯坦动荡的政局是最现实的不稳定因素。巴基斯坦的内部斗争激烈，且政府与军方在有些重要问题上难以达成一致

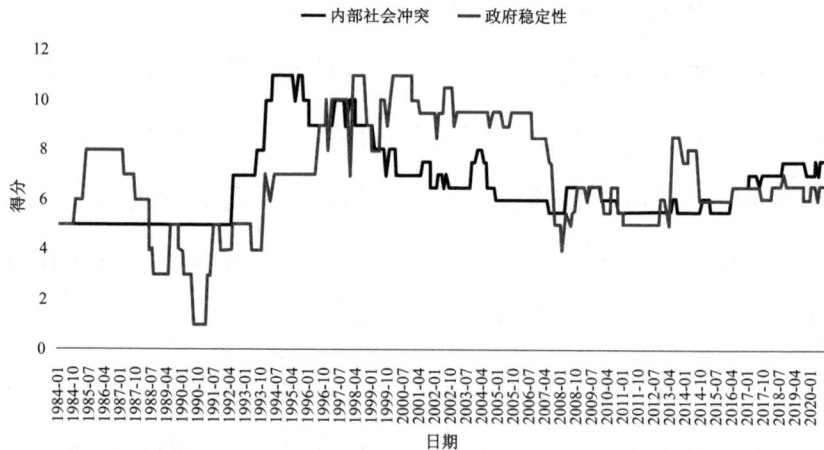

图 5-23　巴基斯坦政府稳定性与内部社会冲突得分情况(1984—2020)

注：1. 得分越高风险越低。

　　2. 数据来源于 ICRG 数据库。

　　3. 月度数据。

意见。在中巴经济走廊建设问题上，不同部族势力、利益集团和政党之间也是存在分歧的，巴国内对于经济走廊路线的走向也是争议不断。由于巴基斯坦国内利益难以协调，政府的政策在很大程度上不具备连续性和稳定性。

中巴经济走廊建设因此也面临许多困难。此前，中巴已有在两国建设自贸区、打通经济走廊的尝试，但由于安全、交通、电力等方面的问题，并未实现真正的互联互通。因此，在中巴经济走廊建设过程中，中国应坚持适当和适度原则，加强对项目投入和项目方向的把控，重视对风险的评估和预警，提高风险防范意识和应对能力，建立有效的应急管理体系；规范项目参与企业及人员的行为，为中方树立良好形象，减轻和避免不同文化间的误解与冲突；进一步密切与巴方在具体事务上的协调与配合，如共同维护项目及相关人员安全，为巴方民众提供职业技术培训等。同时，加强政党沟通、人文交流和教育合作，积极协调中巴两国国内在具体项目操作上的分歧，增进两国民众之间的理解和认同，建立信任和默契；对中巴经济走廊建设持开放、包容的心态，鼓励多方参与，支持和接纳周边国家共同建设，为增信释疑做出更多的努力，为推进中巴经济走廊建设争取更多的认可和支持。总之，只有对中巴经济走廊建设面临的风险与挑战进行全面了解和充分评估，才能促进中巴经济走廊规划在具体实施过程中取得好的成效，让经济走廊建设真正惠及两个国家及其人民。

以上对老挝和巴基斯坦作为案例的初步分析，可以拓展到其他同样是高风险而双边关系紧密的国家，中国在对双边关系紧密的国家扩大投资规模过程中，也要重视这些国家本身具有的高风险特征，做好风险预评估与项目分析工作，尽可能规避风险，最大限度地降低企业在高风险国家的投资损失。应继续深化"一带一路"合作，正如胡必亮和张坤领研究发现的，"一带一路"倡议通过双边及多边合作框架与机制安排可以为中国跨国企业投资活动提供正向激励，并且为海外跨国企业经营活动提供重要保障，进而为中国对外投资高质量发展提供积极支持。[①] 因此，在"一带一路"建设框架下，应加强双边沟通，共同为跨国投资企业营造良好的投资环境，提高"一带一路"投资质量。

三、严格管控项目风险

在前面讨论中国对共建"一带一路"国家投资的大型项目以及出现的主要问题基础上，我们试图结合东道国风险类型，对如何管控好重大项目风险提出一些看法。

(一)管控好交通投资项目风险

"一带一路"倡议的核心是实现更好的全球互联互通，基础是实现全球更好的基础设施互联互通，尤其是交通和能源基础设施互联互通。多数基础设施投资具有投资收益率偏低的特点，公路、铁路、港口、发电站等基础设施建设，靠项目自身收费来收回投资成本，均需要很长时间。因此"一带一路"基础设施投资具有典型的低收益、高风险特征。根据 CGIT 数据库，在

---

① 胡必亮、张坤领：《"一带一路"倡议下的制度质量与中国对外直接投资关系》，载《厦门大学学报(哲学社会科学版)》，2021(6)。

2020 年中国对共建"一带一路"国家投资的大型项目中，交通基础设施领域占比为 30.01％。统计分析中国在 2020 年的交通行业投资及对应东道国风险水平，可以看出总体上中国对包括泰国、印度尼西亚、孟加拉国等在内的 21 个共建国家进行了超过 1 亿美元的大型交通项目投资（表 5-8）。

表 5-8 显示，2020 年中国在交通行业的大型投资中，对泰国投资总额最高，达到 16.4 亿美元，其次是对印度尼西亚的投资为 13.7 亿美元。此外，中国对孟加拉国、菲律宾、尼日利亚和匈牙利的投资也超过了 10 亿美元。这些国家并不都是投资风险较低的国家，除匈牙利的综合风险排在第 18 位、菲律宾排在第 30 位之外，泰国和印度尼西亚的综合风险都排在 60 名左右，孟加拉国的综合风险排在第 68 位，尼日利亚的综合风险排在第 81 位，具有较高的投资风险。具体到这些国家的分项风险来看，泰国具有较高的政治风险（排在第 96 位）和社会风险（排在第 84 位），印度尼西亚具有较高的社会风险（排在第 88 位），孟加拉国具有较高的社会风险（排在第 112 位），菲律宾具有较高的经济风险（排在第 95 位），尼日利亚具有较高的政治风险（排在第 93 位）、经济风险（排在第 98 位）和社会风险（排在第 100 位），匈牙利的金融风险很高（排在第 130 位），这些都是在决策交通基础设施建设投资项目时需要防范的一些重要风险。

表 5-8　中国对部分共建国家的交通项目投资及其国别风险排名(2020)

国家	项目投资总额(亿美元)	综合风险	政治风险	经济风险	金融风险	社会风险	双边关系风险
泰国	16.4	62	96	51	12	84	25
印度尼西亚	13.7	58	56	69	80	88	20
孟加拉国	12.4	68	74	47	17	112	33
菲律宾	12.1	30	22	95	9	73	6
尼日利亚	12.1	81	93	98	32	100	28
匈牙利	10.4	18	21	44	130	21	66
塞尔维亚	8.9	46	63	49	81	57	70
赞比亚	8.3	120	103	27	144	46	134
秘鲁	7.8	33	36	110	8	39	81
斯里兰卡	7.5	86	76	91	123	97	36
柬埔寨	6.0	69	112	104	31	81	18
俄罗斯	5.4	71	133	37	15	78	32
波兰	5.3	17	32	18	71	26	59
阿联酋	3.5	8	29	9	37	12	50
哈萨克斯坦	3.2	35	37	54	136	41	21
乌干达	1.5	115	111	92	60	55	144
老挝	1.4	95	113	67	103	116	13
埃塞俄比亚	1.3	83	83	42	87	104	37
新西兰	1.3	3	1	6	35	1	97
坦桑尼亚	1.0	75	108	59	44	89	11
乌兹别克斯坦	1.0	91	127	55	26	101	30

　　根据前面第四章的讨论,我们找出了 2005—2020 年中国对外投资问题项目的一些主要特征。基于 CGIT 数据库,我们发

现，中国 2005—2020 年对共建"一带一路"国家投资失败项目总额为 1944.5 亿美元，其中交通基础设施投资失败总额为 398 亿美元，占 20.47%，即五分之一的失败项目来自交通行业。从问题项目投资次数占比来看，投资失败项目总次数为 148 次，交通类投资失败项目次数为 34 次，占 22.97%。究其原因，与交通基础设施项目投资量大、投资周期长的特点有关。投资周期长意味着本身面临的风险概率就大，而投资一旦出现问题，将面临巨大投资无法收回的重大风险。

交通基础设施投资除具有投资规模大、建设周期长、投资回报慢的特点外，还有技术性强、社会效益要求高等特点，这无疑增加了交通基建项目在建设、运营期间遭遇风险事件的不确定性。表 5-9 列出了一些重要项目发生的变化，说明了海外交通基础设施项目投资的风险。2011 年，斯里兰卡政府将科伦坡中航广场项目土地性质由原计划的永久产权变更为 99 年租赁产权，导致中国航空技术国际工程有限公司决定终止对该项目的投资。在中国交通建设股份有限公司投资斯里兰卡科伦坡港口城这一项目上，2015 年斯里兰卡政府以涉嫌规避当地法律以及回避相关环境要求为由而叫停，项目停工期间每天损失约 38 万美元，2017 年斯里兰卡政府与中交建重新达成合作协议，但是将之前协议中的永久使用权变为 99 年租赁。

表 5-9 中国对部分共建国家的交通投资项目变化情况与原因

国家	项目变化情况	主要原因
马来西亚	2019年马东铁路建设项目被取消,后又重启	政府更迭
马来西亚	2021年新马高铁项目被最终取消	政府更迭
斯里兰卡	2015年科伦坡港口城被叫停	政府更迭,新政府以缺乏相关审批手续、需重新进行环境评估为由暂停项目
委内瑞拉	2015年委内瑞拉铁路停工	委内瑞拉经济崩溃,资金链断裂,无法按合同支付工程款
泰国	2013年年底中泰高铁项目被暂停	政府更迭
斯里兰卡	2011年科伦坡中航广场项目因涉及土地产权变更而终止	政府违约
沙特阿拉伯	2009年中铁建与沙特的轻轨项目因工期延误损失人民币41.53亿元	中方对当地法规、习俗了解不够,时间延误和人力成本增加情况严重

共建"一带一路",重点在于投资建设交通基础设施,因此应继续坚持以交通基础设施建设为主要抓手,鼓励中国企业在共建国家开展交通基础设施建设投资。共建"一带一路"国家大多是发展中国家,经济增长普遍面临交通基础设施发展不足的制约,因而,进一步加强"一带一路"交通基础设施建设投资,将有助于推动共建国家经济长期稳步增长,以经济发展解决建设债务问题。在进一步推动中国企业对外交通投资的过程中,

也应做好风险防范，继续坚持以降低投资风险为主要原则，进一步促进"一带一路"倡议行稳致远。中国企业在共建"一带一路"国家的个别交通投资遭遇了很多问题和困境，因此在深入推进"一带一路"建设过程中，应重点解决引发中国企业对外投资出现问题的内外因素，尽最大可能规避风险，降低企业损失。一是共建"一带一路"国家在政治、文化与经济等方面存在较大差异，使得中国企业对外交通投资面临极为复杂的制度环境，因此中国要继续加强与共建国家政府间与民间的官方对接与文化交流，以政策沟通与民心相通，促进设施联通；二是引导国内企业理性审慎地参与对共建国家的交通行业投资，按照市场化原则开展投资合作，通过国际法规范投资责任、义务与回报。

(二)管控好能源投资项目风险

共建"一带一路"国家资源和能源丰富，是中国能源供应的主要来源地。中国在这些国家进行能源直接投资的动机主要包括：一是开发化石能源资源，特别是石油和天然气资源，以弥补国内供应的不足，增强能源供应安全性；二是利用基础设施建设和资本方面的竞争优势，建设能源基础设施，如发电站、油气管道和输电线路；三是通过对外直接投资促进电力设备和技术向东道国出口，以促进东道国绿色能源转型发展，如大力发展太阳能、风能等。共建"一带一路"国家与中国在能源方面有着巨大的合作潜力，CGIT 相关数据显示，2020 年中国对共建"一带一路"国家的大型项目投资主要流向了能源领域，占42.42％，能源领域已成为"一带一路"投资的重点领域。

表 5-10 显示，2020 年中国对 25 个共建国家进行了能源投资，其中对越南、巴基斯坦和智利的能源投资金额都超过了30 亿美元，分别为 34.2 亿美元、31.6 亿美元和 30.3 亿美元。对比投资风险来看，在这些国家中，巴基斯坦总体风险最高，排在第 99 位，其次是越南，排在第 57 位，智利的综合投资风险最低，排在第 28 位。从细分风险来看，越南政治风险较高，排在第 94 位，巴基斯坦则面临较高的政治风险和社会风险，分别排在第 107 位和第 127 位。投资金额高于 10 亿美元的还有沙特阿拉伯、老挝和印度尼西亚，中国对其能源类投资金额分别为 12.2 亿美元、12 亿美元和 11.7 亿美元。其中老挝的综合投资风险较高，排在第 95 位。对能源类资源获取型投资影响最大的是政治因素，表 5-10 显示，在中国能源投资的东道国中，尼日尔、乌兹别克斯坦、卢旺达、赞比亚、津巴布韦、柬埔寨、老挝、巴基斯坦都面临较高的政治风险，排名都位于 100 名之外，因此中国对这些国家的能源投资面临着较大的挑战和风险。

表 5-10 接受中国能源投资的部分共建国家及其风险排名情况（2020）

国家	项目投资总额（亿美元）	综合风险	政治风险	经济风险	金融风险	社会风险	双边关系风险
越南	34.2	57	94	32	30	76	8
巴基斯坦	31.6	99	107	89	94	127	19
智利	30.3	28	48	41	36	50	10
沙特阿拉伯	12.2	60	73	29	2	58	101
老挝	12.0	95	113	67	103	116	13
印度尼西亚	11.7	58	56	69	80	88	20
加纳	9.3	45	38	77	46	77	12
柬埔寨	6.7	69	112	104	31	81	18
阿联酋	6.6	8	29	9	37	12	50
津巴布韦	6.3	102	140	90	96	102	38
赞比亚	5.5	120	103	27	144	46	134
卡塔尔	4.6	29	90	5	59	31	42
阿曼	4.0	40	62	93	58	52	7
波黑	3.4	70	46	68	65	62	130
孟加拉国	3.1	68	74	47	17	112	33
埃及	2.9	67	82	70	86	91	35
乌克兰	2.4	84	91	66	104	96	39
斯里兰卡	2.2	86	76	91	123	97	36
卢旺达	2.1	77	109	120	97	13	119
伊拉克	2.0	116	97	118	138	138	9
科威特	1.8	39	86	7	3	63	29
乌兹别克斯坦	1.2	91	127	55	26	101	30
巴拿马	1.1	65	35	111	140	43	87
尼日尔	1.1	135	116	114	93	135	108
波兰	1.0	17	32	18	71	26	59

根据 CGIT 数据库，2005—2020 年，中国对共建"一带一路"国家投资失败项目总计 148 次，其中能源类投资失败 60 次，占 40.5%，涉及金额 934.6 亿美元，占总失败金额的 48.1%，即接近一半的"一带一路"失败投资项目分布在能源领域，能源类项目风险防范重要且迫切。在对"一带一路"国家能源类问题投资项目中，中海油开发伊朗北帕尔斯气田项目成为最大规模的失败案例，涉及金额 160 亿美元。2011 年 10 月，伊朗政府以中海油在北帕尔斯气田开发项目上进展缓慢为由叫停了该项目。另外，东道国的政策变动也可能成为影响能源投资的重要风险因素，在中石化投资乌兹别克斯坦石油项目中，2005 年乌兹别克斯坦政府大幅提高"地下资源使用税"，导致开采成本过高，致使中石化在没有进一步优惠的情况下难以维持正常生产。在中国明阳风电集团投资保加利亚风力发电厂项目过程中，保加利亚能源监管局在我国企业筹资过程中大幅削减风电和太阳能的补贴使得该项目无利可图，中国明阳风电集团不得不放弃投资。

因此，综合来看，能源投资风险防范主要可从以下三方面展开。

第一，通过尽职调查防范东道国政策变动引起的企业投资损失。企业投资前应对东道国投资环境进行充分的论证，事先调查投资项目所在行业的具体相关政策及政策变动情况，寻找是否存在因政府违约、政策变动、当地居民反对而导致投资失败的先例。在项目实施过程中，格外警惕发生过国内政治斗争、资源民族主义和国有化等风险的国家及地区，进而做好风险评估以规避政策变动风险。

第二，与东道国当地有影响力的企业合作，寻求战略联盟共同体，促进风险共担。这一方面有利于深入了解东道国政治与社会环境劣势，最大化规避风险；另一方面在发生风险时可以借助联盟在东道国的影响力解决问题。

第三，关注国际关系发展动向，防范地缘政治风险。政治风险是影响能源投资的重要因素，应密切关注国际政治局势，对可能产生的政治风险加强预警。

附　录

附表 2-1　2005—2020 年中国企业对外直接大型投资情况一览表

投资的国家	投资项目数	投资金额（亿美元）	投资的国家	投资项目数	投资金额（亿美元）	投资的国家	投资项目数	投资金额（亿美元）
美国	290	1892.8	南非	19	133.8	博茨瓦纳	6	16.4
澳大利亚	205	1199.4	韩国	19	125.8	马尔代夫	6	12.3
英国	122	986.4	蒙古国	19	76.4	毛里塔尼亚	6	10.1
印度尼西亚	118	515.7	苏丹	19	68.4	卢森堡	5	46.8
新加坡	99	485.7	瑞士	18	612.1	阿塞拜疆	5	21.9
巴基斯坦	91	599.6	玻利维亚	18	50.6	也门	5	17.1
马来西亚	88	433.1	以色列	17	126.7	捷克	5	9.6
巴西	83	702.7	几内亚	17	125.6	土库曼斯坦	4	68.0
俄罗斯	79	559.7	乌克兰	17	104.6	文莱	4	41.1
加拿大	71	571.3	莫桑比克	16	104.1	叙利亚	4	40.6
沙特阿拉伯	71	398.6	乌干达	16	88.9	贝宁	4	24.2
阿联酋	71	347.0	西班牙	16	80.2	吉布提	4	17.2

续表

投资的国家	投资项目数	投资金额（亿美元）	投资的国家	投资项目数	投资金额（亿美元）	投资的国家	投资项目数	投资金额（亿美元）
印度	71	345.6	瑞典	15	150.5	毛里求斯	4	14.7
德国	70	479.9	巴布亚新几内亚	15	53.3	利比亚	4	6.9
孟加拉国	60	285.5	白俄罗斯	14	53.5	阿富汗	3	34.8
埃塞俄比亚	58	247.9	新西兰	14	39.7	斯洛文尼亚	3	21.8
越南	55	282.5	尼泊尔	14	25.5	罗马尼亚	3	21.1
老挝	54	287.4	科特迪瓦	13	48.7	丹麦	3	14.3
尼日利亚	52	401.5	赤道几内亚	13	33.6	圣多美	3	9.5
赞比亚	47	161.9	波兰	13	28.1	哥斯达黎加	3	8.1
柬埔寨	45	177.0	智利	12	148.0	哈萨克斯坦	43	341.2
阿曼	12	66.2	马拉维	3	8.1	斯里兰卡	42	148.0
希腊	11	105.4	古巴	3	7.4	法国	41	324.5
葡萄牙	11	90.2	多哥	3	7.3	安哥拉	40	247.0
挪威	11	74.7	克罗地亚	3	6.9	肯尼亚	40	162.2
格鲁吉亚	11	20.6	北马其顿	3	6.5	阿尔及利亚	39	238.5

续表

投资的国家	投资项目数	投资金额（亿美元）	投资的国家	投资项目数	投资金额（亿美元）	投资的国家	投资项目数	投资金额（亿美元）
约旦	10	63.4	奥地利	3	5.1	伊拉克	37	237.8
尼日尔	9	87.8	巴巴多斯	3	4.9	泰国	35	96.1
塞拉利昂	9	59.9	保加利亚	3	4.6	伊朗	34	265.6
匈牙利	9	58.8	斐济	3	4.0	阿根廷	32	250.3
南苏丹	9	49.0	巴林	2	14.2	意大利	31	267.5
吉尔吉斯斯坦	9	47.3	黑山	2	12.2	埃及	31	230.0
比利时	9	45.2	安提瓜和巴布达	2	10.0	加纳	31	124.5
波黑	9	29.5	东帝汶	2	7.8	委内瑞拉	29	202.8
墨西哥	9	23.6	摩尔多瓦	2	5.6	坦桑尼亚	28	128.4
乍得	8	82.8	尼加拉瓜	2	5.3	刚果（金）	27	161.0
塞内加尔	8	46.7	厄立特里亚	2	5.0	土耳其	27	159.6
摩洛哥	8	23.0	几内亚比绍	2	4.5	菲律宾	27	136.5
特立尼达和多巴哥	8	21.6	巴拿马	2	3.5	科威特	27	109.3
芬兰	7	156.7	塞浦路斯	2	3.0	厄瓜多尔	26	134.7

续表

投资的国家	投资项目数	投资金额（亿美元）	投资的国家	投资项目数	投资金额（亿美元）	投资的国家	投资项目数	投资金额（亿美元）
纳米比亚	7	32.5	利比亚	1	26	塞尔维亚	25	105.3
巴拿马	7	30.9	朝鲜	1	20.0	津巴布韦	25	104.5
圭亚那	7	24.9	危地马拉	1	7.0	喀麦隆	25	99.6
塔吉克斯坦	7	23.2	马耳他	1	4.4	日本	24	109.5
加蓬	7	18.2	洪都拉斯	1	3.5	秘鲁	23	292.5
卢旺达	7	11.7	所罗门群岛	1	2.0	缅甸	23	98.8
爱尔兰	6	79.3	佛得角	1	1.3	荷兰	22	159.5
牙买加	6	26.8	突尼斯	1	1.1	刚果（布）	22	109.9
马里	6	23.8	拉脱维亚	1	1.1	卡塔尔	20	78.0
哥伦比亚	6	22.8	萨摩亚	1	1.1	乌兹别克斯坦	20	62.1
马达加斯加	6	20.8	莱索托	1	1.0			

资料来源：CGIT 数据库。

附表 2-2　2020 年中国对共建"一带一路"国家的大型投资情况

项目序号	中国企业	投资金额（亿美元）	投资行业	细分行业	投资的国家	投资日期
1	中国中车	1.2	交通	铁路	阿联酋	2020 年 7 月
2	阿里巴巴集团	6.0	房地产		新加坡	2020 年 5 月
3	安徽中鼎集团	1.3	健康		赞比亚	2020 年 5 月
4	北京城建	2.6	交通	航空	孟加拉国	2020 年 3 月
5	赤峰黄金	1.1	金属		加纳	2020 年 12 月
6	中国大唐集团	3.9	能源	煤	印度尼西亚	2020 年 12 月
7	中国电建	19.3	能源	水电	巴基斯坦	2020 年 6 月
8		9.3	能源	水电	加纳	2020 年 4 月
9		7.8	能源	水电	印度尼西亚	2020 年 2 月
10		6.3	能源	煤	津巴布韦	2020 年 3 月
11		5.5	交通	铁路	赞比亚	2020 年 5 月
12		5.3	能源		波兰	2020 年 8 月
13		4.6	能源		卡塔尔	2020 年 2 月
14		4.3	公共事业		沙特阿拉伯	2020 年 5 月
15		4.0	能源		阿曼	2020 年 9 月

续表

项目序号	中国企业	投资金额（亿美元）	投资行业	细分行业	投资的国家	投资日期
16		3.3	公共事业		新加坡	2020 年 7 月
17		3.1	能源		越南	2020 年 3 月
18		2.3	交通	铁路	阿联酋	2020 年 2 月
19	中国电建	2.1	能源	水电	卢旺达	2020 年 5 月
20		1.8	能源		越南	2020 年 9 月
21		1.5	房地产	建筑	柬埔寨	2020 年 9 月
22		1.3	能源		孟加拉国	2020 年 3 月
23		1.2	能源		乌兹别克斯坦	2020 年 12 月
24	国家电网	30.3	能源		智利	2020 年 11 月
25		12.6	交通	铁路	菲律宾	2020 年 9 月
26		3.2	交通	铁路	哈萨克斯坦	2020 年 12 月
27	中国建筑	1.8	公共事业		新加坡	2020 年 12 月
28		1.2	物流		阿尔及利亚	2020 年 5 月
29		1.0	其他	工业	科威特	2020 年 1 月
30		1.0	房地产	建筑	新加坡	2020 年 2 月

续表

项目序号	中国企业	投资金额（亿美元）	投资行业	细分行业	投资的国家	投资日期
31	湖南建工集团	3.2	公共事业		阿曼	2020年2月
32	华为	1.9	技术		菲律宾	2020年3月
33	西部水泥	1.0	房地产	建筑	纳米比亚	2020年1月
34	晶澳太阳能	3.2	能源		越南	2020年11月
35	南方电网	12.0	能源		老挝	2020年9月
36	普洛斯	7.5	物流		越南	2020年10月
37	山东高速	1.8	交通	汽车	塞尔维亚	2020年6月
38		8.6	交通	汽车	孟加拉国	2020年2月
39	山东昊华轮胎	4.5	交通	汽车	斯里兰卡	2020年5月
40		3.0	交通	汽车	斯里兰卡	2020年11月
41	山东黄金	4.3	金属		阿根廷	2020年12月
42	杉杉科技	7.6	技术		韩国	2020年6月
43	上海电气	1.8	能源	气体	孟加拉国	2020年6月
44	福建省开源投资发展有限公司	1.4	房地产		赞比亚	2020年1月

续表

项目序号	中国企业	投资金额（亿美元）	投资行业	细分行业	投资的国家	投资日期
45	五矿集团	4.6	能源		越南	2020年12月
46	五矿集团	4.1	交通	航空	柬埔寨	2020年11月
47	长城汽车	5.4	交通	汽车	俄罗斯	2020年9月
48	长城汽车	2.0	交通	汽车	泰国	2020年2月
49	浙江力勤投资有限公司	5.3	金属	钢铁	印度尼西亚	2020年3月
50	中钢集团	6.7	能源	煤	柬埔寨	2020年11月
51	中船集团	1.2	交通	船舶	孟加拉国	2020年7月
52	枫叶教育	4.9	其他	教育	新加坡	2020年6月
53	中国光大银行	1.4	其他	教育	马来西亚	2020年3月
54	中国化学工程集团	8.9	化学		俄罗斯	2020年10月
55	中国化学工程集团	4.5	化学		俄罗斯	2020年10月
56	中国化学工程集团	3.0	房地产	建筑	新加坡	2020年8月
57	中国化学工程集团	3.9	化学		阿联酋	2020年9月
58	中国化学工程集团	4.1	化学	煤	阿曼	2020年8月
59	国机集团	2.2	能源	煤	斯里兰卡	2020年6月
60	中国建材集团	1.0	能源		波兰	2020年2月

续表

项目序号	中国企业	投资金额（亿美元）	投资行业	细分行业	投资的国家	投资日期
61	中交建	7.1	交通	汽车	塞尔维亚	2020年10月
62		3.2	公共事业		新加坡	2020年4月
63		2.8	交通	船舶	泰国	2020年9月
64		2.2	交通	船舶	尼日利亚	2020年3月
65		1.9	交通	汽车	柬埔寨	2020年3月
66		1.3	其他	工业	巴基斯坦	2020年9月
67		1.3	交通	铁路	新西兰	2020年9月
68	中国铝业	5.2	金属	铝金属	印度尼西亚	2020年1月
69	中国钼业	5.5	金属	铜	刚果（金）	2020年12月
70	中国能源工程集团	14.0	能源	煤	越南	2020年5月
71		12.3	能源	水电	巴基斯坦	2020年7月
72		7.5	能源	煤	越南	2020年1月
73		2.9	能源		埃及	2020年1月
74		2.8	房地产	建筑	缅甸	2020年6月
75		2.4	能源		乌克兰	2020年3月
76		2.2	能源	水电	波黑	2020年5月

续表

项目序号	中国企业	投资金额（亿美元）	投资行业	细分行业	投资的国家	投资日期
77	中国能源工程集团	1.6	金属	钢铁	印度尼西亚	2020 年 8 月
78		1.2	能源	煤	波黑	2020 年 6 月
79		1.1	能源	水电	尼日尔	2020 年 9 月
80	中石油	1.1	能源		巴拿马	2020 年 5 月
81		2.0	能源	气体	伊拉克	2020 年 3 月
82		1.4	能源	油	阿联酋	2020 年 9 月
83		5.2	能源	油	阿联酋	2020 年 11 月
84	中国铁建	9.9	交通	铁路	尼日利亚	2020 年 2 月
85		8.3	交通	铁路	赞比亚	2020 年 3 月
86		7.4	交通	铁路	泰国	2020 年 2 月
87		2.9	房地产	建筑	卡塔尔	2020 年 6 月
88		1.6	娱乐		柬埔寨	2020 年 4 月
89		1.5	交通	汽车	乌干达	2020 年 12 月
90		1.0	交通	汽车	乌兹别克斯坦	2020 年 4 月
91		1.0	交通	汽车	坦桑尼亚	2020 年 7 月

续表

项目序号	中国企业	投资金额（亿美元）	投资行业	细分行业	投资的国家	投资日期
92	中国中铁	13.7	交通	铁路	印度尼西亚	2020年5月
93		10.4	交通	铁路	匈牙利	2020年4月
94		4.2	交通	铁路	泰国	2020年10月
95		1.4	交通	铁路	老挝	2020年5月
96		1.2	其他		秘鲁	2020年3月
97	中国有色集团	7.3	金属	铝金属	几内亚	2020年1月
98		1.1	金属	铝金属	波黑	2020年4月
99	中远	7.8	交通	船舶	秘鲁	2020年4月
100	中石化	12.2	能源	油	沙特阿拉伯	2020年8月
101		1.8	能源	油	科威特	2020年8月
102	重庆对外经贸（集团）有限公司	1.3	交通	汽车	埃塞俄比亚	2020年8月
103	紫金矿业	8.0	金属	铜	塞尔维亚	2020年2月
104		2.4	金属		圭亚那	2020年6月

数据来源：CGIT数据库。

附表 2-3　2016—2020 年中国对共建"一带一路"国家的大型投资情况

国家	金额(亿美元)	次数	国家	金额(亿美元)	次数	国家	金额(亿美元)	次数
新加坡	306.8	61	希腊	45.0	8	白俄罗斯	9.5	2
阿联酋	256.7	48	卢森堡	43.3	3	格鲁吉亚	9.2	4
巴基斯坦	256.1	36	坦桑尼亚	41.7	13	葡萄牙	7.5	3
印度尼西亚	239.4	53	阿尔及利亚	41.6	11	塔吉克斯坦	7.1	2
尼日利亚	209.1	25	土耳其	40.8	7	捷克	6.6	2
孟加拉国	207.8	39	乌克兰	32.8	14	卢旺达	5.9	4
俄罗斯	203.3	26	科特迪瓦	32.5	10	摩尔多瓦	5.6	2
老挝	164.6	23	韩国	32.2	8	克罗地亚	5.6	2
马来西亚	157.7	42	玻利维亚	31.3	10	马尔代夫	5.0	3
沙特阿拉伯	150.2	28	南非	30.8	3	东帝汶	4.9	1
智利	121.5	9	巴拿马	29.5	6	特立尼达和多巴哥	4.8	3
埃及	121.5	13	尼日尔	29.0	3	哥斯达黎加	4.7	1
秘鲁	110.8	12	刚果(布)	28.2	3	塞拉利昂	4.6	2
柬埔寨	108.5	25	匈牙利	24.0	4	乍得	4.2	2

国家	金额（亿美元）	次数	国家	金额（亿美元）	次数	国家	金额（亿美元）	次数
伊朗	103.7	12	塞内加尔	23.5	4	巴巴多斯	3.2	2
塞尔维亚	86.3	21	厄瓜多尔	23.2	7	利比里亚	2.5	1
菲律宾	86.2	19	巴布亚新几内亚	22.2	6	南苏丹	2.1	1
阿根廷	84.6	18	委内瑞拉	22.0	4	纳米比亚	2.1	2
越南	80.3	21	斯洛文尼亚	21.8	3	阿富汗	2.1	1
刚果（金）	76.2	13	卡塔尔	20.9	6	所罗门群岛	2.0	1
肯尼亚	75.7	25	蒙古国	19.7	10	加蓬	2.0	1
安哥拉	72.8	16	喀麦隆	18.3	5	博茨瓦纳	2.0	2
赞比亚	67.4	20	马达加斯加	16.5	3	塞浦路斯	1.7	1
伊拉克	65.5	18	圭亚那	15.7	3	几内亚比绍	1.7	1
哈萨克斯坦	62.2	15	乌兹别克斯坦	15.4	11	北马其顿	1.6	1
几内亚	61.8	10	波黑	15.0	6	古巴	1.4	1
埃塞俄比亚	59.5	26	阿塞拜疆	14.4	2	佛得角	1.3	1
科威特	57.3	15	波兰	14.2	8	斐济	1.3	1

续表

国家	金额（亿美元）	次数	国家	金额（亿美元）	次数	国家	金额（亿美元）	次数
加纳	54.5	12	牙买加	14.1	3	保加利亚	1.3	1
泰国	54.0	19	贝宁	13.8	1	萨摩亚	1.1	1
阿曼	52.9	8	莫桑比克	13.2	2	拉脱维亚	1.1	1
缅甸	50.3	13	新西兰	13.1	6	马拉维	1.0	1
意大利	47.6	9	摩洛哥	12.6	4	莱索托	1.0	1
津巴布韦	46.7	10	乌干达	11.9	14	黑山	1.0	1
斯里兰卡	46.1	10	尼泊尔	11.3	6			

数据来源：CGIT 数据库。

附表 3-1 共建"一带一路"国家投资风险测算
与排序情况（2016—2020 年平均水平）

国家	综合风险得分	综合风险排名	政治风险排名	经济风险排名	金融风险排名	社会风险排名	双边关系风险排名
卢森堡	71.03	1	12	1	73	8	69
新加坡	70.86	2	14	2	115	2	25
新西兰	68.94	3	1	8	28	1	113
马耳他	67.24	4	13	11	88	6	59
奥地利	67.19	5	11	6	135	10	71
爱沙尼亚	66.32	6	18	17	53	4	67
韩国	65.86	7	32	9	12	9	52
塞浦路斯	65.25	8	15	16	126	13	38
捷克	65.00	9	23	18	75	5	65
斯洛伐克	64.42	10	17	33	125	14	43
立陶宛	64.35	11	27	19	80	7	70
阿联酋	64.21	12	24	5	33	16	74
匈牙利	64.16	13	16	32	128	18	41
斯洛文尼亚	63.79	14	22	12	134	26	40
乌拉圭	63.53	15	36	34	27	30	12
葡萄牙	63.51	16	19	23	130	12	64
波兰	63.45	17	21	24	77	25	63
萨摩亚	63.34	18	2	56	54	19	93
汤加	63.06	19	3	84	23	28	101
克罗地亚	62.37	20	29	29	109	32	45
意大利	62.19	21	26	13	142	17	62
智利	62.16	22	35	44	30	50	11
斐济	62.13	23	4	125	36	34	100

续表

国家	综合风险得分	综合风险排名	政治风险排名	经济风险排名	金融风险排名	社会风险排名	双边关系风险排名
马来西亚	61.94	24	45	25	49	20	72
基里巴斯	61.37	25	5	3	3	47	135
保加利亚	61.31	26	51	38	58	24	68
秘鲁	61.22	27	50	68	15	41	51
罗马尼亚	61.19	28	49	49	78	21	66
特立尼达和多巴哥	61.11	29	44	35	60	45	39
北马其顿	60.90	30	43	75	92	38	49
牙买加	60.84	31	28	72	139	39	30
拉脱维亚	60.72	32	33	30	76	3	120
瓦努阿图	60.48	33	6	37	11	31	130
阿曼	60.47	34	58	105	57	44	7
菲律宾	60.46	35	30	52	19	74	6
卡塔尔	60.44	36	73	4	67	35	73
文莱	60.14	37	57	10	10	15	97
佛得角	59.87	38	20	126	97	72	32
阿尔巴尼亚	59.00	39	46	104	93	59	31
南非	58.95	40	39	96	68	67	16
博茨瓦纳	58.86	41	38	43	6	11	127
纽埃	58.85	42	7	21	37	36	149
圭亚那	58.81	43	48	100	50	63	33
科威特	58.74	44	90	7	7	69	20
库克群岛	58.54	45	8	15	55	40	139
塞尔维亚	58.54	46	63	63	106	56	46
希腊	58.46	47	25	36	145	60	60

国家	综合风险得分	综合风险排名	政治风险排名	经济风险排名	金融风险排名	社会风险排名	双边关系风险排名
加纳	58.46	48	34	79	48	79	57
密克罗尼西亚联邦	58.05	49	9	41	14	52	137
哥斯达黎加	57.96	50	55	47	59	22	104
蒙古国	57.22	51	47	109	149	48	2
所罗门群岛	57.13	52	10	98	8	64	131
巴林	57.13	53	71	51	111	51	75
印度尼西亚	57.12	54	56	66	94	82	15
越南	56.75	55	89	46	39	73	8
哈萨克斯坦	56.69	56	70	48	141	57	53
摩洛哥	56.38	57	62	93	40	91	36
阿根廷	56.35	58	59	77	127	81	26
格鲁吉亚	56.33	59	130	111	138	23	28
泰国	56.21	60	93	27	13	88	18
塞舌尔	55.81	61	65	122	87	33	109
巴拿马	55.75	62	37	55	143	37	118
巴巴多斯	55.56	63	76	65	136	62	61
突尼斯	55.51	64	61	130	108	89	42
波黑	55.37	65	41	64	83	58	112
亚美尼亚	55.35	66	134	81	132	42	29
斯里兰卡	55.07	67	68	83	121	96	21
柬埔寨	54.79	68	106	97	35	75	54
坦桑尼亚	54.62	69	97	74	45	95	9
沙特阿拉伯	54.52	70	86	22	2	68	114
摩尔多瓦	54.49	71	105	113	82	78	48

续表

国家	综合风险得分	综合风险排名	政治风险排名	经济风险排名	金融风险排名	社会风险排名	双边关系风险排名
黑山	54.38	72	42	137	148	27	108
巴布亚新几内亚	54.21	73	96	14	102	65	81
埃及	54.17	74	83	102	61	97	23
土耳其	54.04	75	101	39	122	86	37
厄瓜多尔	53.92	76	91	92	118	92	24
俄罗斯	53.78	77	139	42	20	76	50
多米尼克	53.75	78	77	145	95	43	96
尼泊尔	53.72	79	54	69	21	85	103
吉尔吉斯斯坦	53.53	80	114	117	129	90	1
玻利维亚	53.53	81	88	103	29	109	34
乌兹别克斯坦	53.49	82	115	50	9	107	17
加蓬	53.45	83	113	40	52	101	4
阿塞拜疆	53.36	84	142	31	34	70	44
莱索托	53.36	85	40	129	32	84	110
伊朗	53.31	86	129	60	5	102	13
冈比亚	53.30	87	64	116	69	61	119
尼日利亚	53.21	88	102	94	17	100	56
孟加拉国	52.88	89	72	58	18	114	78
纳米比亚	52.69	90	31	114	84	53	147
卢旺达	52.68	91	98	121	101	29	125
白俄罗斯	52.32	92	125	62	98	77	76
乌克兰	51.97	93	111	89	123	98	27
老挝	51.94	94	107	101	110	110	10
塔吉克斯坦	51.19	95	116	53	120	122	5

续表

国家	综合风险得分	综合风险排名	政治风险排名	经济风险排名	金融风险排名	社会风险排名	双边关系风险排名
肯尼亚	51.18	96	53	107	86	71	129
多米尼加	51.03	97	67	45	81	54	142
埃塞俄比亚	50.97	98	118	71	107	119	19
科摩罗	50.92	99	74	99	16	106	89
马达加斯加	50.87	100	66	86	24	115	92
津巴布韦	50.55	101	135	120	117	103	22
东帝汶	50.16	102	103	115	79	87	87
利比里亚	50.10	103	104	142	63	105	77
巴基斯坦	50.05	104	95	108	99	130	55
安提瓜和巴布达	49.95	105	78	110	119	49	136
赞比亚	49.79	106	87	76	131	46	134
马尔代夫	49.72	107	69	147	74	99	99
古巴	49.65	108	80	87	56	112	98
阿尔及利亚	49.49	109	92	135	4	132	80
刚果(布)	49.48	110	94	148	91	133	3
缅甸	49.31	111	124	59	22	143	47
格林纳达	49.05	112	79	132	64	111	111
赤道几内亚	48.79	113	126	118	116	125	58
塞内加尔	48.77	114	84	91	103	117	88
马里	48.57	115	140	80	41	128	35
布基纳法索	48.37	116	81	78	31	108	126
乌干达	48.22	117	123	90	47	55	141
贝宁	48.15	118	108	88	44	120	85
苏里南	48.07	119	52	119	90	94	144

续表

国家	综合风险得分	综合风险排名	政治风险排名	经济风险排名	金融风险排名	社会风险排名	双边关系风险排名
萨尔瓦多	47.78	120	60	82	140	80	146
吉布提	47.18	121	133	26	65	121	84
布隆迪	47.15	122	99	140	100	116	107
多哥	47.13	123	132	67	38	124	82
科特迪瓦	47.02	124	120	61	70	123	102
圣多美和普林西比	47.01	125	127	136	96	83	124
塞拉利昂	46.91	126	82	141	85	113	121
安哥拉	46.73	127	100	73	114	131	83
马拉维	46.52	128	75	133	72	93	143
伊拉克	46.50	129	119	28	133	139	79
毛里塔尼亚	46.47	130	110	123	104	118	116
尼加拉瓜	46.08	131	128	85	113	66	148
莫桑比克	45.93	132	85	138	137	126	90
几内亚	45.91	133	122	57	25	134	115
阿富汗	45.05	134	117	139	43	136	106
喀麦隆	45.01	135	131	70	46	129	117
厄立特里亚	44.86	136	138	20	66	137	94
苏丹	44.81	137	147	143	112	138	14
黎巴嫩	44.22	138	121	146	147	104	105
尼日尔	43.77	139	112	128	89	135	123
也门	42.14	140	146	127	124	127	86
几内亚比绍	41.58	141	109	112	42	140	145
南苏丹	41.23	142	136	134	105	142	122
乍得	41.00	143	137	131	62	141	128

续表

国家	综合风险得分	综合风险排名	政治风险排名	经济风险排名	金融风险排名	社会风险排名	双边关系风险排名
利比亚	40.05	144	141	144	1	145	138
叙利亚	39.32	145	145	106	144	147	95
刚果(金)	37.40	146	148	95	26	146	133
索马里	36.90	147	149	54	71	144	132
中非	36.31	148	143	124	51	149	140
委内瑞拉	35.94	149	144	149	146	148	91

数据来源:作者测算结果。

附表 3-2　共建"一带一路"国家投资风险指数得分与排序(2020)

国家	综合投资风险		分项投资风险得分				
	排名	得分	政治风险	经济风险	金融风险	社会风险	双边关系
卢森堡	1	71.22	82.91	72.79	66.53	75.19	58.70
新加坡	2	69.92	72.86	66.48	64.36	86.56	59.36
新西兰	3	69.46	83.85	60.82	69.27	93.26	40.12
奥地利	4	67.10	82.58	59.47	59.65	75.14	58.66
韩国	5	66.81	66.26	59.33	72.08	75.90	60.50
马耳他	6	66.14	74.07	55.14	65.63	75.87	60.01
爱沙尼亚	7	65.90	66.44	55.52	67.41	81.43	58.69
阿联酋	8	65.41	64.65	59.36	69.01	74.98	59.05
立陶宛	9	64.74	63.26	57.31	66.14	78.31	58.69
捷克	10	64.70	65.33	55.44	65.10	78.83	58.82
乌拉圭	11	64.31	66.09	53.74	70.48	70.79	60.43
塞浦路斯	12	64.03	72.10	54.43	61.92	72.72	59.00
斯洛伐克	13	63.69	70.47	54.75	60.81	73.58	58.84

续表

国家	综合投资风险		分项投资风险得分				
	排名	得分	政治风险	经济风险	金融风险	社会风险	双边关系
瓦努阿图	14	63.51	83.85	52.55	73.13	67.93	40.08
葡萄牙	15	63.34	70.15	53.87	59.80	74.07	58.80
汤加	16	63.28	83.85	52.50	71.37	69.23	39.43
波兰	17	63.13	64.07	55.45	66.59	70.69	58.86
匈牙利	18	62.89	69.45	53.74	60.32	72.15	58.80
萨摩亚	19	62.83	83.85	51.73	66.61	71.75	40.22
斯洛文尼亚	20	62.82	66.72	57.56	59.61	71.43	58.77
意大利	21	62.68	70.08	56.37	56.62	71.46	58.87
马来西亚	22	62.62	56.47	54.15	68.12	73.74	60.63
基里巴斯	23	62.27	83.85	64.40	78.33	65.08	19.67
保加利亚	24	61.93	58.88	53.32	69.29	69.41	58.76
克罗地亚	25	61.46	64.09	53.30	63.93	67.28	58.72
拉脱维亚	26	61.41	64.16	54.89	66.64	82.67	38.70
罗马尼亚	27	61.32	56.26	52.25	66.56	72.75	58.79
智利	28	61.18	59.00	53.77	69.08	63.23	60.84
卡塔尔	29	60.97	47.67	61.45	67.15	69.13	59.44
菲律宾	30	60.96	67.03	51.66	72.34	52.52	61.23
斐济	31	60.88	83.85	46.85	66.52	67.80	39.40
马其顿	32	60.88	61.02	51.52	65.69	67.54	58.63
秘鲁	33	60.66	62.60	50.99	72.72	66.78	50.19
文莱	34	60.45	55.70	59.29	71.60	76.06	39.59
哈萨克斯坦	35	60.10	61.87	53.25	59.42	65.73	60.25
圭亚那	36	59.93	53.77	63.49	69.60	53.47	59.32
特立尼达和多巴哥	37	59.83	58.01	53.14	65.29	63.82	58.91
博茨瓦纳	38	59.82	65.28	49.71	71.92	73.53	38.66

国家	综合投资风险		分项投资风险得分				
	排名	得分	政治风险	经济风险	金融风险	社会风险	双边关系
科威特	39	59.80	47.93	60.39	75.15	55.58	59.93
阿曼	40	59.44	54.65	51.77	67.22	62.52	61.02
巴林	41	59.23	54.65	52.28	63.19	67.26	58.78
希腊	42	59.22	69.55	52.31	56.95	58.21	59.05
牙买加	43	59.15	63.12	51.55	58.44	63.41	59.24
纽埃	44	58.91	83.85	55.85	68.99	67.43	18.45
加纳	45	58.89	61.80	52.29	67.94	51.75	60.68
塞尔维亚	46	58.72	54.64	53.35	66.18	60.66	58.78
南非	47	58.65	60.12	51.95	66.67	54.55	59.94
蒙古国	48	58.40	60.21	52.04	55.29	62.31	62.12
密克罗尼西亚联邦	49	58.15	83.85	54.74	70.97	61.98	19.22
佛得角	50	58.05	70.15	45.01	63.55	52.35	59.17
库克群岛	51	57.44	83.85	51.90	66.61	65.92	18.91
阿根廷	52	57.30	58.74	52.07	63.86	52.39	59.45
阿尔巴尼亚	53	57.06	53.15	51.01	64.78	57.35	59.02
哥斯达黎加	54	56.90	54.80	53.07	67.57	70.05	39.02
所罗门群岛	55	56.85	83.85	51.33	73.57	53.18	22.31
巴布亚新几内亚	56	56.66	45.22	55.20	67.80	54.83	60.23
越南	57	56.62	46.42	54.45	69.39	51.91	60.92
印度尼西亚	58	56.58	55.95	52.59	66.20	47.88	60.26
格鲁吉亚	59	56.48	40.52	49.54	59.61	73.43	59.30
沙特阿拉伯	60	56.39	52.03	54.69	75.87	59.40	39.96
突尼斯	61	56.23	61.16	48.50	64.29	48.39	58.81
泰国	62	56.20	45.71	53.32	71.98	49.96	60.03
亚美尼亚	63	56.12	42.73	51.09	61.76	65.54	59.46

续表

国家	综合投资风险		分项投资风险得分				
	排名	得分	政治风险	经济风险	金融风险	社会风险	双边关系
摩洛哥	64	55.99	54.50	51.41	68.77	46.36	58.92
巴拿马	65	55.44	62.77	50.77	57.08	65.45	41.13
阿塞拜疆	66	55.01	34.67	54.70	69.32	57.50	58.83
埃及	67	54.96	49.61	52.59	65.98	47.01	59.63
孟加拉国	68	54.94	51.85	53.42	71.46	38.21	59.74
柬埔寨	69	54.86	42.10	51.32	69.38	51.21	60.27
波黑	70	54.79	59.36	52.61	66.79	56.67	38.54
俄罗斯	71	54.66	36.18	54.03	71.88	51.42	59.78
塞舌尔	72	54.48	54.31	47.31	64.79	67.24	38.73
肯尼亚	73	54.42	60.38	51.90	65.65	53.90	40.27
巴巴多斯	74	54.42	49.74	48.89	59.94	54.71	58.81
坦桑尼亚	75	54.35	42.36	53.06	68.36	47.20	60.76
冈比亚	76	54.27	55.01	51.45	67.35	53.75	43.81
卢旺达	77	54.23	42.36	49.80	65.17	74.77	39.02
土耳其	78	54.21	44.15	53.88	62.88	51.27	58.89
加蓬	79	54.18	44.03	54.54	67.08	43.48	61.75
摩尔多瓦	80	54.12	41.57	49.97	66.37	54.07	58.64
尼日利亚	81	54.07	46.62	51.48	69.38	42.91	59.94
白俄罗斯	82	53.86	40.05	53.73	66.55	50.20	58.79
埃塞俄比亚	83	53.85	49.57	53.76	65.97	40.40	59.55
乌克兰	84	53.70	47.05	52.72	64.73	44.53	59.46
厄瓜多尔	85	53.63	47.93	51.21	63.35	45.84	59.84
斯里兰卡	86	53.61	50.52	51.81	62.49	43.67	59.57
尼泊尔	87	53.44	54.41	52.46	71.94	49.15	39.23
莱索托	88	52.82	60.12	49.67	68.65	47.04	38.64

续表

国家	综合投资风险		分项投资风险得分				
	排名	得分	政治风险	经济风险	金融风险	社会风险	双边关系
吉尔吉斯斯坦	89	52.58	38.05	52.05	63.89	46.87	62.02
玻利维亚	90	52.49	46.16	50.70	68.88	37.78	58.94
乌兹别克斯坦	91	52.44	38.05	53.19	69.92	41.20	59.86
多米尼克	92	52.05	49.74	42.91	63.20	65.29	39.12
伊朗	93	51.85	33.50	53.32	74.40	38.33	59.67
纳米比亚	94	51.71	58.68	53.15	64.90	62.93	18.90
老挝	95	51.57	42.10	52.63	64.76	37.69	60.64
黑山	96	51.45	59.36	43.54	44.80	70.67	38.88
塔吉克斯坦	97	51.21	38.05	55.03	64.07	38.80	60.09
阿尔及利亚	98	50.83	43.42	48.75	74.20	28.54	59.25
巴基斯坦	99	50.54	42.60	51.85	65.36	32.65	60.26
马达加斯加	100	50.20	54.31	50.06	69.80	36.85	39.97
科摩罗	101	50.14	51.06	52.08	70.85	37.11	39.63
津巴布韦	102	50.13	33.01	51.81	65.24	41.08	59.49
古巴	103	49.91	55.71	49.19	67.30	38.17	39.20
赤道几内亚	104	49.71	39.10	51.90	64.13	33.07	60.36
缅甸	105	49.61	37.79	53.99	71.06	22.94	62.28
刚果（布）	106	49.49	43.72	44.00	66.13	31.05	62.54
塞内加尔	107	49.48	52.97	51.32	64.46	38.47	40.17
东帝汶	108	49.31	43.00	54.66	61.92	46.99	39.97
圣多美和普林西比	109	49.30	39.10	50.74	66.50	50.77	39.40
布基纳法索	110	48.84	47.91	52.75	69.46	35.31	38.78
吉布提	111	48.73	39.42	55.23	67.71	39.96	41.35
利比里亚	112	48.72	38.59	47.76	66.22	38.22	52.80
多米尼加	113	48.62	46.76	52.00	62.94	62.25	19.17

续表

国家	综合投资风险		分项投资风险得分				
	排名	得分	政治风险	经济风险	金融风险	社会风险	双边关系
塞拉利昂	114	48.48	49.28	47.03	65.66	40.56	39.90
乌干达	115	48.41	42.23	51.78	67.08	62.06	18.92
伊拉克	116	48.19	45.43	50.04	58.02	26.60	60.87
马拉维	117	48.19	56.84	50.43	66.80	47.97	18.90
毛里塔尼亚	118	48.05	41.89	51.39	66.89	39.08	40.99
多哥	119	48.00	36.93	53.36	68.80	37.03	43.89
赞比亚	120	47.87	43.28	54.73	56.25	64.38	20.69
安提瓜和巴布达	121	47.79	49.74	44.15	61.61	63.76	19.68
萨尔瓦多	122	47.67	60.59	51.24	56.23	51.31	18.96
格林纳达	123	47.54	49.74	45.47	66.74	37.02	38.71
贝宁	124	47.51	43.27	52.75	67.35	34.59	39.57
科特迪瓦	125	47.30	41.95	53.00	66.01	36.20	39.33
几内亚	126	47.17	37.89	57.88	71.30	27.95	40.86
安哥拉	127	47.00	49.14	52.82	61.50	29.27	42.25
布隆迪	128	46.95	42.36	49.14	66.30	37.99	38.99
马里	129	46.94	29.27	52.56	68.64	25.35	58.90
厄立特里亚	130	46.32	39.64	54.18	66.03	31.58	40.18
苏里南	131	46.20	53.10	50.33	65.63	42.95	18.99
苏丹	132	45.70	29.92	44.96	62.65	30.83	60.14
尼加拉瓜	133	45.37	34.96	54.44	64.89	53.82	18.76
马尔代夫	134	45.17	50.52	34.83	63.76	37.36	39.38
尼日尔	135	45.09	41.62	50.44	65.47	28.46	39.48
喀麦隆	136	44.66	34.16	52.87	67.46	28.06	40.75
阿富汗	137	44.58	38.05	48.70	70.66	26.51	38.98
莫桑比克	138	44.55	47.80	48.35	57.80	28.53	40.25

续表

国家	综合投资风险		分项投资风险得分				
	排名	得分	政治风险	经济风险	金融风险	社会风险	双边关系
几内亚比绍	139	43.67	52.78	49.72	67.24	29.45	19.14
乍得	140	43.51	35.48	49.62	66.94	25.71	39.81
也门	141	42.95	25.47	52.39	63.38	32.90	40.59
黎巴嫩	142	42.18	38.95	45.11	47.60	40.33	38.90
南苏丹	143	42.06	35.48	43.46	63.99	25.99	41.37
叙利亚	144	38.86	31.66	47.79	56.62	18.84	39.40
刚果(金)	145	38.49	26.91	52.72	70.56	20.71	21.52
索马里	146	37.38	18.49	53.47	67.43	24.91	22.61
中非共和国	147	36.84	30.33	51.45	67.56	15.58	19.27
委内瑞拉	148	35.63	30.04	43.06	49.26	16.12	39.69
利比亚	149	35.55	30.06	34.74	72.22	21.23	19.48

注：得分越高表示投资安全程度越高，那么风险就越低，反之得分越低表示风险越高。本研究的这个处理方式参考了 ICRG 等主流风险评级机构的方法。

附表 3-3　共建"一带一路"国家投资风险测算与排序情况（2020）

国家	综合风险得分	综合风险排名	政治风险排名	经济风险排名	金融风险排名	社会风险排名	双边关系风险排名
卢森堡	71.22	1	11	1	74	10	74
新加坡	69.92	2	14	2	106	2	43
新西兰	69.46	3	1	6	35	1	97
奥地利	67.10	4	12	8	133	11	77
韩国	66.81	5	25	10	11	8	15
马耳他	66.14	6	13	22	92	9	26
爱沙尼亚	65.90	7	24	17	53	4	76
阿联酋	65.41	8	29	9	37	12	50